席越的沟通课

12个即学即用的高情商沟通公式

席越 著

中信出版集团 | 北京

图书在版编目（CIP）数据

席越的沟通课 / 席越著 . -- 北京：中信出版社，2020.7（2021.12 重印）
ISBN 978-7-5217-1947-5

Ⅰ . ①席… Ⅱ . ①席… Ⅲ . ①人际关系学 Ⅳ . ① C912.11

中国版本图书馆 CIP 数据核字（2020）第 101834 号

席越的沟通课

著　　者：席越
出版发行：中信出版集团股份有限公司
（北京市朝阳区惠新东街甲 4 号富盛大厦 2 座　邮编　100029）
承 印 者：北京盛通印刷股份有限公司

开　　本：880mm × 1230mm　1/32　　印　　张：9.25　　字　　数：161 千字
版　　次：2020 年 7 月第 1 版　　印　　次：2021 年 12 月第 5 次印刷
书　　号：ISBN 978-7-5217-1947-5
定　　价：58.00 元

目　录

PART 3 有趣表达，沟通不冷场的标配

PART 4 正确定位沟通角色，决定沟通效果

PART 5 细节表达，决定沟通的成败

PART 6 表达有观点，提高社交影响力

PART 7

沟通读心术

PART 8

适度妥协战略，化解沟通矛盾的黄金法则

PART 9

沟通破冰，迅速建立信任的秘密

PART 10

语气体现素养，轻松获得好人缘

推荐序
高情商沟通是每个人一辈子的必修课

十点读书　林少

初见席越时，我很难将她与创始人、CEO（首席执行官）这些词联系在一起。

她温润如玉，说话轻声细语，脸上总是带着笑意。

同为创始人、CEO 的我知道，在创业过程中，血压升高、厉声呵斥，都是常有的事，要做到高情商沟通，时刻保持情绪平和，真得经过一番修炼才行。

这几年，有时候因为良好的沟通，我和公司有了好的发展。但是也有许多时候，因为不合适的表达，我常常撞得头破血流。我经常在批评完同事之后后悔不已，想着要是当时能控制住自己的脾气就好了；我会在拒绝完合作方之后想，要是能用更委婉、让对方更舒服的方式来表达就好了；我会在跟一位优秀的面试者沟通完后想，我刚才说的这几句话太直接了，可能说错了，后来他果然没有来公司；在一些重要的会议上，因为没有良好的表达，还容易造成一些误会及不必要的冲突，让整个会议陷入压抑的气氛当中……

如果我是个高情商的沟通者就好了，我常常这么想。如果我能快速掌握这种能力，或许我就不会有这么多的烦恼和压力。

我从小性格就比较内向，不擅长社交，小学时从乡下到县城读书，更有一种自卑的心态，加上有段时间沉迷于玩游戏，学习成绩特别糟糕，朋友也很少。所以我一直特别欣赏情商高、会说话的人，他们朋友多，人际关系好，相处起来让人如沐春风。毕业后，出了社会，我发现这些人相对来说发展得也不错。

我在创立“十点读书”之后，慢慢扩大了自己的社交圈，随着时间的推移，公司人数的增多，需要的沟通越来越多——需要跟投资人沟通，在一个小时之内充分展示自己最闪光的地方，让他们为我和我的项目加分；需要跟行业里优秀的人才沟通，通过短暂的几十分钟面试交流，展示公司优秀的文化、良好的前景，吸引他们加入我的公司；需要和核心同事沟通，了解业务进展、人员安排，提升大家的工作热情和积极性……

成为领导者后，我更加深刻地意识到，高情商沟通不仅能让人活得更开心，更有活力，也能带来更多的资源、机遇和便利，让人更容易获得成功。

认识席越以后，我和她说，我想向她学习高情商沟通的技能，因为她活成了我欣赏的模样。

我们都在做自媒体，所以有很多共同的朋友。我记得她在十点课堂的高情商沟通课上线以后，很多圈内的好友都自发在朋友圈帮她宣传这门课程，一下就刷屏了，当时我又佩服又好奇，为什么席越的好友这么多，人缘这么好？

我们跟席越的合作除了课程外，还有线下的活动和线上的直播等，所以我和她会同时在许多微信群里有交集。在合作过程中，她总是很耐心地回复我们各个业务线的同事，配合做各种工作的安排，她的专业和耐心总是能化解很多难题和突发状况，让合作方放心，我打从心底欣赏和喜欢她。

我跟她聚会的时候也留意到，每次聚会她都会让人感到很舒服自在，会选好餐厅，定好位置，安排好菜单，将桌上的每个人照顾得很周到。让人舒服、愉悦是一种很难得的能力，我们很多人可能可以看到、感受到这种能力，但是想要做到、做好却不太容易。

席越的这本新书，解答了我不少关于沟通的困惑，里面有很多关于情商和沟通的理念，以及实用的场景和技巧。比如，她说“人类本性中最深刻的渴求就是受到赞美”。确实，每个人都有对赞美的渴望，所谓的高情商，是可以发现对方的优点、闪光点，真心实意地去赞美。如果你能够得到更多人发自内心的赞美，如果你也能够常常赞美周围的人，那我相信你一定能品尝到良好人际关系带来的喜悦和成就感。

书里还呈现了一些老板和员工的对话场景，真实生动。过去几年，我要么自己经历过，要么看到过这些情景。作为老板，因为在谈判中有优势话语权，更容易居高临下，甚至提出无理的要求，对员工说话毫不客气，因此，有一些员工会因为不好的沟通体验，受到委屈，选择离开公司。

我印象比较深刻的还有书中列举的一些家庭场景对话，这些对话在很多家庭里常常出现，我家也不例外。案例里的一些争吵也让我想起一些不太愉快的回忆。跟家人在一起的时候，或许因为亲近、有安全感，我们说话更加随意，但常常因为太直接或言过其实，把家人伤了还不自知。

很高兴能够跟席越一起合作高情商沟通的课程，并看到这本书的面世。她的课和书给了我诸多启发，我也希望这些好的沟通方法能帮助到更多的人。人生的幸福感，很大一部分来源于良好的亲密关系、社交关系。这是每个人一辈子的功课。

心理学大师卡伦·霍尼说，所有人只要还活着，就有改变自己，甚至彻底改头换面的可能性，并非只有孩童才具有可塑性。

任何时候学习高情商沟通术都不晚。只要你开始改变，很快就会有美好的收获。祝愿大家能够拥有良好的人际关系，拥有一个更加幸福的人生。

自　序

我在 3 岁半的时候，被爸爸妈妈送回了在北京的奶奶身边。奶奶住在单位大院，家门口种了一棵金银花，藤蔓爬得很高，旁边种了一棵丁香。奶奶是远近闻名的裁缝，所以每天她在屋里忙忙碌碌做衣服时，就把我放在门口，坐在金银花下的小马扎上晒太阳。

我坐在那里很无聊，每次有院子里的叔叔或阿姨走过，我就会拉着他们："叔叔 / 阿姨，我给你讲个故事吧。"等奶奶忙完一阵来看我，就会看见我的外衫兜兜里都装满了糖果，手里还握着邻居赵大妈给我蒸的微型红糖包。

创业后，我一心扎在了创建中国女性演讲视频平台"遇言不止"上，因为我一直认为中国女性如果想在职场、社会生活中占有更重要的地位，就一定要更大声地说话，更勇敢地说话。

许多女性都习惯于欲言又止，遇到困难，遇到侵害，遇到不公正待遇，都不会直接表达。我说，假如我们都可以发表意见，提出建议，表达自我，那么人生的境遇将有所不同。

在21世纪的今天，说是一种行动，更是一种积极的态度。

所以我给平台取了一个名字——遇言不止，即使犹豫不决，也不要停止说话。

有整整两年的时间，我努力找寻身边有成长故事的女性，帮她们整理故事，撰写演讲稿，辅导演讲，最后在我们的摄影棚拍摄成演讲视频。

这些有成长故事的女性，有做过5万只指甲的美甲师，有完成全球自驾飞行的女律师，有勇敢面对乳腺癌的主持人，有获得过金牌的女赛车手。她们身上充满了勇气、力量，有独特的自我成长轨迹。

2016年，我遇到了我的投资机构“娱乐工场”，当时娱乐工场的投资人刘献民说：马东教会中国男人辩论，席越教会中国女人说话。

其实，我一直觉得这不是真的。虽然在我的平台上，有超过70名的女性嘉宾分享了自己的经历，有的视频播放量超过了 100 万，但是，我还在怀疑自己。

最重要的是，我拿着我的朋友们资助的钱，带着投资人给我的信任，依然不知道怎么样把教中国女性更勇敢地说话这件事做到更大规模。

我对演讲的痴迷可以追溯到我在加拿大的世界 500 强企业工作的时候，那时候我参加了一个全球性的演讲俱乐部 Toastmaster Club，这个演讲俱乐部帮助我克服了在大公司不会当众表达的问题。

后来，当我发现 TED Talks 这个演讲平台之后，我看过 100 多个演讲视频，大家看电视剧的时候，我就在看 TED Talks 的演讲。它是我的一个终极梦想，让优秀的人用语言把思想变成力量。

遇言不止渐渐让我有了一些名气，我登上了《中国妇女》杂志的封面，也获得了一些奖项。所以周围开始有人通过朋友邀请我辅导他们演讲，这些人大部分是企业家或创业者。

腾讯《星空演讲》节目也邀请我担任演讲导师。在这个星光熠熠且专业的演讲节目中，我辅导过佟丽娅、董璇、杨紫、伊能静、黄圣依等明星。

我身边的一些朋友开始问我，可不可以组织一个小课堂教他们演讲，因为一对一的演讲培训太费时费力了。于是我开始组织自己的线下演讲课程——“遇言不止”商业演讲力培训。这个培训非常成功，在一年的时间里，我走了 10 个城市，辅导过 400 多名学生。这些学生包括小红书的联合创始人、陆金所的创始团队、京东金融副总裁……而那些不愿意抛头露面出现在课堂上的商业领袖则通过一对一的形式，请我教授他们在一个又一个重要的会议上演讲。

2019 年，我在“十点课堂”开了一门线上课程，叫作“即学即用的高情商沟通课”，希望可以用更简单的沟通原理教女性在日常生活、工作中如何沟通。

我的想法非常简单，我们不仅仅需要演讲，日常沟通对人们的改变更加有效。这些沟通法则是我过去 4 年在教授课程，和创业者打交道，以及运营自己公司的过程中总结出来的。“即学即用的高情商沟通课”在一年内卖出了 18 万份，这在已经下滑的知识付费市场算是一个很不错的成绩。

在我创立“遇言不止”之前，我是一名会计，我的命运转折始于那一刻：我相信自己可以帮助中国女性更勇敢地说话，而我自己也开始大声“说话”。

我的大女儿在上二年级，她在学校写过一篇作文，我在学期结束时才有机会看到，她说：“我的妈妈周末经常不能陪我和妹妹，因为她要在全国飞来飞去教别人说话。听爸爸说，不少明星都是她的学生，但是她很辛苦。”

我当时是含着眼泪看完作文的，我希望我突破自己的过往履历，成就自我的故事可以给她们力量，让她们相信自己。

现在，我将“即学即用的高情商沟通课”的内容重新改写，添加内容，写成这本书。

说话，教别人说话，改变了我的命运。相信你也可以。

PART 1

学会赞美，培养社交中的高情商

人类本性中最深刻的渴求就是得到赞美。

- 美国心理学之父　威廉·詹姆斯 -

如果能学会赞美，你甚至可以改变自己看待这个世界的方式和你身边人的心态。

当我刚刚进入加拿大的世界500强公司工作时，每次开周会，大家见到彼此都会先进行一通赞美。比如：

> 邦妮（Bonnie），你身上这条连衣裙真是太漂亮了，是在哪里买的呀？
>
> 玛格丽特（Margaret），你的口红颜色特别衬你的肤色。

一开始我特别不适应这样的“互夸”，感觉特别客套，但是渐渐地我也享受起这种赞美来。试想，你每天清晨从家门口的街道走过，对面遛狗的陌生老大爷对你微笑，大声说："姑娘，你的笑容太灿烂了，祝你一天都保持这样的笑容。"你听到这话会怎么样呢？是不是感觉自己的笑容真的很美好，同时心情也变得特别愉快了？

再试想，每次你打扮好准备出门，你的老公都会对你说："亲爱的，这种深空蓝太适合你的气质了，你真美。"你是不是觉得，自己花在打扮上的每一分钟都值得？是不是觉得特别自信？

赞美带来的愉快心情和人与人之间的和谐气氛，非常美妙。

后来我回到北京创业。"遇言不止"一开始是为许多非常优秀的女性拍摄演讲视频的平台，和我一起工作的是一群有北京范儿的摄影师。他们为了表达彼此很熟、关系特别铁，一见到彼此就开"涮"，用今天的话说就是"互怼"。

北京人的互怼是著名的，比如两人一见面，一个说对方长得像"山顶洞人"，另外一个说对方长得像"元谋人"。一些 90 后的员工，互相怼着怼着就急了，然后几天不说话。我也经常被他们怼得不知所措。比如，有一次我质疑片场灯光是不是打得太亮了，摄影师上来就说："您也不看看您的双下巴，没有七八个灯，真打不出点阴影来遮盖啊。"

真的，每次被他们怼完，我的心情都很不好，而且特别想撑回去。

在平时的生活中，我们也会遇到这样的情况。比如，丈夫看见自己妻子穿的衣服好看，却不知道怎么夸奖，直接就说："哟，你穿成这样去见谁呢？"妻子也会回："你管我见谁呢！"

为什么丈夫不直接说："亲爱的，你今天穿的套装非常好看，是不是有什么重要的会议呢？"

互撑，把大家的心情都弄得很糟。

你会发现，互赞文化和互撑文化，好像两个极端。

一个总是试图发现对方的美好，另一个则夸张地放大了对方的一丁点儿毛病。

而这两种表达会导致不同的心态和结果。在互赞文化中，大家越来越习惯去发现对方的好；而在互撑文化中，大家习惯了互相取笑和攻击。

我们本节课的核心主题就是：学会赞美。

恰如其分的赞美能使我们更好地与朋友、同事、合作伙伴交往，从而增进彼此之间的信任和情谊。

人人都希望得到赞美，都希望获得来自社会或他人的得当赞美，从而让自己的自尊心和荣誉感获得满足。

这绝对不是爱慕虚荣，从社会心理学角度来说，赞美是一种特别有效的交往技巧，能快速缩短人与人之间的心理距离。

很多人认为赞美很简单：不就是夸人嘛，谁不会呢？事实上这没那么简单。赞美不妥当也会被人认为是情商低的表现。关于赞美，我们可以学会以下几点。

避免不合时宜的赞美

赞美是人际关系的润滑剂，但赞美绝对不是夸对方几句那么简单。我常常听见我的女性朋友说："我特别不喜欢我的一个朋友赞美我，赞美还不如不赞美。"我问她为什么，她说：

> 她一见到我就会说："哎呀，亲爱的，你怎么又瘦了?！"
>
> 我在心里默默吐槽："我其实刚刚胖了5斤。"
>
> 有一次我就直接说："其实我最近不但没瘦，还胖了5斤呢！"
>
> 对方很尴尬地说："是吗，是不是晒黑了，显得瘦了。"
>
> 特别尴尬的是，我发现她几乎和每个人都这么说，一见面就说对方瘦了，特别不真诚。

这就是不合时宜的赞美，还不如不赞美。

让我们来看看还有哪些糟糕的赞美吧。

情境一：
公式化赞美，说出的话让人觉得缺乏诚意

夸赞最忌讳敷衍和浮夸，如果不是出于真心，很容易引起别人的反感，不仅无法取得别人对你的认可，反而容易让人觉得你不真诚，进而疏远你。

比如：

A 与 B 初次见面，A 说：“哎呀，久仰大名啊，今日一见，果然不同凡响。”

B 心想：“这也太浮夸了。这人似乎有点热情过度，不够成熟啊。”

情境二：
敷衍式赞美，空洞敷衍

当别人在展示自己的时候，如果你只会说“不错”“真棒”“好厉害”这类回复，对方不会觉得你友好，反而会认为你没有认真倾听他说的内容，进而认为你和他不是一路

人，从而远离你。比如：

A 对 B 说：“你这个人真好，简直太完美了。”

B 心想：“啊？好啥？你是在给我发好人卡吗？”

情境三：

夸张的赞美就是拍马屁

很多人认为赞美他人就是拍别人马屁，这是一种错误的观念。拍马屁是一股脑儿瞎说，完全没有说到点上，不仅不讨喜，有时候还会引起别人的厌恶。比如：

A 一脸谄笑：“哎哟，张总，久仰大名，没想到您看起来这么年轻啊，一点也不像四十几岁的人，顶多35岁！”

B 内心不爽：“你这是夸我年轻吗？分明是在揭我的短，故意暴露我年龄！”

以上三个例子很形象地为我们展示了那些糟糕的“赞美”，这是我们常犯的错误。萧伯纳曾经说过：“每次有人赞美我，我都头痛，因为他们赞美得不给力。”赞美是讲究技巧的。

那么应该怎样把赞美的话说到对方的心坎里，让你的赞美深得人心呢？

赞美准备总模型：ODCR 思维图

高手的表达绝对不是随口说说，胡乱表达，每一次高效沟通都是深思熟虑的结果。在我们看来，每一次成功的沟通表达都必须满足 ODCR 模型，赞美也是这样。（见图 1–1）

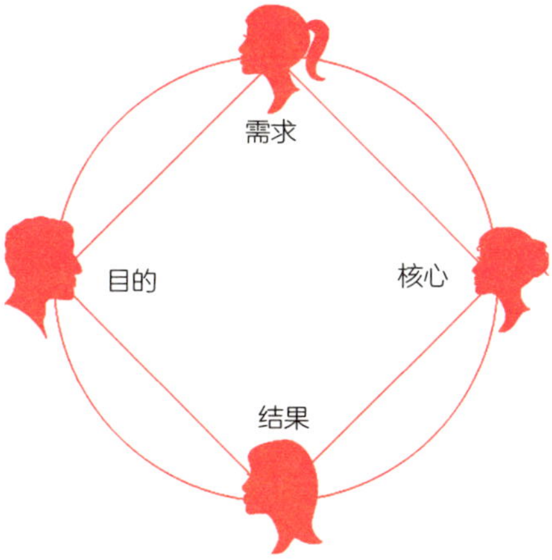

图 1–1　ODCR 思维图

ODCR 模型包括以下几个方面的内容。

- 目的（objective）：你这次表达的目的是什么？
- 需求（demand）：你这次表达能满足他人什么需求？
- 核心（core）：你这次表达的核心内容是什么？
- 结果（result）：你这次表达要达成的结果是什么？

我的沟通表达课程其实分为一个总模型和各个技巧模型。这是我多年来对沟通表达进行拆解和总结得出的，在每一课中，我们都会用到这个总模型。

正是因为缺乏思考，我们的表达才显得苍白无力。要想一开口就打动人，一表达就获得成功，就一定要弄明白这四个关键词：目的、需求、核心、结果。

- 赞美的目的 -

表达者的目的是通过赞美，发现对方的优点，获得良好的人际关系，让自己在事业和生活上更加如鱼得水。同时，每天抱着赞美和欣赏对方的心态，会给周围的人带来越来越多的正能量，发现生活中的美。

表达赞美，其实是一种双向影响的沟通方式，让彼此都拥有更好的心境。

- 被赞美者的需求 -

社会学家说，每一个人都希望在社会中找到认同感，这就解释了为什么人们喜欢听到别人对自己的赞扬而不是批评。赞美能满足人们内心被关注、被肯定、被鼓励、被尊重的需求，是我们改善与他人沟通效果和人际关系的重要工具。

- 赞美表达的核心 -

我们赞美对方究竟赞美的是什么呢？接受者需要得到尊重和认同，换言之，他希望你和他是志同道合之人。所以，赞美的核心有两点：

发现总结对方的独特价值

赞美，就是把你看见的、听见的关于对方的一切提取出独特价值，然后用你的语言，以欣赏的态度表达出来。一个人会有很多种价值，我们无法一一进行赞美，也并非所有的价值都需要赞美，所以你要学会挑出自己最欣赏的价值。

我曾经在深圳一个朋友的聚会上认识了一位女士，虽然她不是很惊艳，但她的妆容非常淡雅，化得恰到好处，头发卷得非常细致，面带淡淡的微笑。我对她说："我感觉您好像喜欢日系服饰，这种淡雅的妆容也是日系的感觉。"她眼睛一亮，跟我说："是的，我刚从日本回来，我在日本生活了十多年的时间！"我也觉得她身上处处都表现出深受日本文化影响的娴静，我就和她分享了我在上大学的时候，曾经对日本文化非常感兴趣，学了两年的日语，还选修了一门日本文化课的事。

在这段对话中，我通过认真的观察，发现了她与日本文化的相关之处，所以我通过赞美她的妆容气质提出她的潜在价值：一个深受日本文化熏陶的人。对方的这一点被我发现，并加以赞美，所以她很开心地与我开启了对话。

展现自我同类价值观

当我们发现并表达出对方的独特价值后，就需要跟对方产生共鸣，告诉对方自己跟他们在这方面的价值观是一致的。只有志趣相投，大家才会有兴趣继续聊下去，建立更多的联系，而不是打招呼之后，在肤浅的话题中尬聊。

接着讲上面那个例子。当对方透露她在日本居住十多年之久后，我就提到了我在加拿大念书的时候，很喜欢的一位教授是从北海道大学来做访问学者的，所以我认真学习了一年多的日本文化。接着我聊了一下我对日本文化的一些理解，我认为日本人对细节的极致追求，以及他们的极简文化，都包含了很多哲学思考。

我说这些，其实就是向一位从日本回来，喜欢日本文化的人表达我对日本文化的理解，展现我们相同的价值观。反之，如果我说我不太喜欢日本文化，日本人对细节的把控让我觉得有些小气而且呆板，那么可想而知，我就把天聊死了，对方涵养再好，内心也不免吐槽我是个不讨人喜欢的人。

所以要想学会赞美，就要先知道赞美的核心：提出对方的价值并展现出类似的价值观。

- 赞美的结果 -

赞美的结果就是完成表达目的，成功与沟通对象建立良好的关系。

赞美可以使一个爱你的人得到正向的肯定和重视，进而使你们之间的关系更加融洽。赞美可以让你在职场上和同事之间形成一种健康友好的氛围，让你们的合作更加顺畅，工作起来更加高效。适当的赞美可以打破陌生人之间的那堵墙，让对方感觉到你的善意，认为你是一个非常好相处的人，对你有一个好的印象。赞美甚至可以让冲突得以缓和，并在适当的时候把冲突变成一种妥协，让双方达成共识，因为赞美让你们的矛盾看起来是对事不对人。没有人会总是对别人的微笑和夸奖板着脸，只要你可以真诚地给对方一些赞美。

而对于我们的孩子，赞美的功效就更大了，可以让他们产生自信，并且尝试达到更高的目标。不信，你试着对一个成绩考得不那么好的孩子说："宝贝，我看你这张试卷其实还是蛮难的，你回答得真不错，比我想象的要好呢。"他一定会说："这都不算什么，下次我可以考得更好一点。这次我是粗心了一点。"对于依恋我们、十分信赖我们的孩子来说，赞美是一种美好的激励。

赞美技巧模型：钻石模型

赞美之词是表达的钻石，一句赞美可以让对方心旷神怡，对你印象深刻。赞美的技巧模型，我称为钻石模型（见图 1–2）。

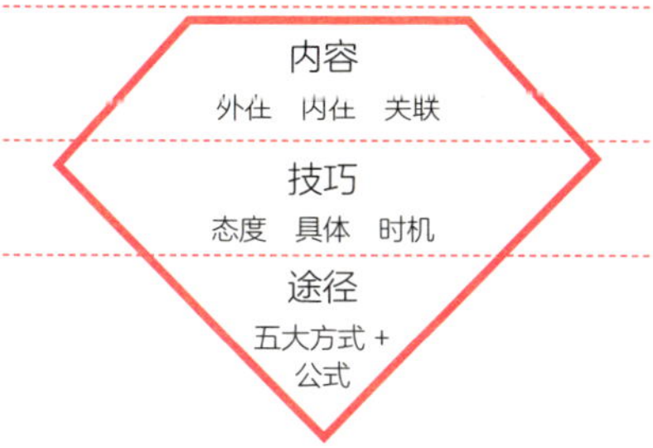

图 1–2　赞美的钻石模型

– 赞美内容 –

很多人在各种社交场合不知道要说点什么，或者要怎么赞美，要赞美什么。我总结出以下三个方面的赞美内容。

外在细节

外在细节主要指穿着打扮（衣服、领带、手表、眼镜、鞋子、饰品）、头发、身材、皮肤、眼睛、眉毛等。

穿着服饰是一个人的潜在表达，男女都一样。

我在南京上课时，一位学员来请教我，情景还原如下。

学员：老师，我想和一位重要的合作公司的 CEO 交流，因为他是一个 IT 男，不爱说话，我不知道怎么夸奖比较特别。毕竟他听了很多“你很厉害”之类的赞美话。

席：那他有什么细节让你印象深刻吗？

学员：我印象深刻的是他喜欢戴塑料手表，还是红色和黄色的，特别显眼。

席：手表品牌是卡西欧吗？

学员：是的。

席：你知道谁戴红色和黄色的卡西欧手表吗？英国酷玩乐队，他们的主唱就是戴红色和黄色的卡西欧手表，还有蓝色的。红色和黄色的卡西欧 BABY-G 和 G-SHOCK 这两款手表在市面上很难买到，这说明这个人八九不离十是酷玩乐队的粉丝，同时他所戴的手表也体现了他自己的一个特点，就是追求动感、酷炫、活力。而且酷玩乐队的音乐还有一个特点是天真，主唱之所以戴卡西欧的手表，就是因为它给人一种质朴和天真的感觉，跟酷玩乐队的音乐风格相似。我先告诉你这些东西，你再见到对方的时候可以跟他聊，觉得他的手表很特别，你记得酷玩乐队的克里斯·马汀也戴这么一款手表。你想对方会有什么样的表情呢？

学员：谢谢老师，我懂了！

夸女生就容易一些，服装、饰品、妆容都是非常容易看见的细节。

内在品格

品格、作风、气质、学历、经验、气量、心胸、兴趣爱好、特长、做的事情、处理问题的能力都是赞美的要点。

> 您的思维太活跃了，比 90 后还超前。
>
> 您真是学识渊博，听君一席话，胜读十年书。

间接关联

籍贯、工作单位、邻居、朋友、职业、用的物品、养的宠物、下级员工、有亲戚关系的人等都属于间接关联。

> 做新媒体工作的人特别值得尊重，及时、高效、观点独特，我自愧不如。
>
> 哇，我看见你朋友圈里发的你养的猫了，它太可爱，太有灵性了，真羡慕你和它之间的默契和亲昵。

赞美的内容来自对细节的观察、前期调研、平时的知识积累。

– 赞美技巧 –

态度：真诚至上

现在的人都很聪明，如果赞美不是发自内心的，他们从表扬者的行为举止、说话语气、语调上都能感觉出来，从而在心里揣测这人是不是有什么企图。表扬的尺度要与实际情况相符，不要过于夸张。

你是我见过的最伟大的演说家。

你太牛了，我现在真的佩服得五体投地，成为你的死忠粉。

以上赞美，只能让人反感。应该换成：

你的演讲真的太感人了，我从头听到尾，感觉每一部分都很真诚。

您的每本书我都拜读过，我最喜欢的一本是《创业维艰》。虽然我们从来没有见过面，但是您在我心目中，就是我的创业导师。

具体：细微真实

赞美具体化就是具体而详细地说出对方独特的优点，并赞美它。

“你太漂亮了”“你很聪明”“你真棒”，这类笼统空洞的赞美有点像外交辞令，给人以敷衍的感觉，是无法打动人心的。

> 你今晚的演讲非常有思想性。
>
> 你今晚的演讲非常有思想性，特别是那句“每一个女人的独立，都来自世界的磨砺和锤炼”让我太感同身受了。

这两句，哪句让人觉得你是在真诚地赞美他？

将赞美具体化，既能让对方直接感受到你的真诚，又能让你的赞美之词深入人心。

将赞美具体化表明你认真观察了对方，否则你无法说出他具体的优点，这能让对方感受到你的真诚；当一个人的某个细节被赞美时，他会更注意自己被赞美的部分，并逐渐将局部优势扩大到整体，整个人都自信起来。所有对局部的赞美也就等于对整体的肯定。

赞美具体化能满足人们被赞美时的一种心理期待，就是想知道自己到底哪里好。“我棒在哪里？”“我漂亮在哪里？”如果没有具体化的表述，将让人很失望。若具体化的赞美与对方内心深处的期望相吻合，就能促进你和对方进行良好的交流。所以，当你赞美别人时，你一定要在心里问自己，要赞美的对象的具体细节是什么。比如，他漂亮在哪里，他好在哪里，我佩服他什么……

我们在赞美他人的外表时，可以指明具体部位，然后说明特征，说出感想，如眼睛明亮、脸形好看、面带福相、气质儒雅、高贵洋气、身材苗条……

你的眼睛真的太漂亮了，扑闪扑闪的，大大的，和赵薇的眼睛特别像。

赞美人的性格、气质、品位、才华时，可以列举具体事实，说出感想：

你家客厅那幅山水画颇有魏晋之风，我能感觉到你的审美与众不同：魏晋风流，旷达脱俗。

赞美具体化是赞美别人时必须要掌握的方法，它是基础性的技巧。

公式：提出对方的独特细节 + 描述 + 欣赏

用这个方法对别人进行赞美，基本都能达到效果。如果和其他赞美方法相结合，效果会更好。

所以，当你赞美别人时，你一定要在心里问自己要赞美的具体对象是什么：席老师表达能力不错，到底哪里不错？小王写作能力强，到底强在哪里？这些都需要向他人说明清楚，这样才能让他人获得最大的动力，让他（她）知道自己做这件事情的意义。

时机：当下即可

赞美是有保质期的，一定要及时，过期无效。

这个道理非常简单。比如，昨天同事穿了一条漂亮的裙子，你今天赞美她，她不仅已经无感了，还会觉得你不重视她。

- 赞美途径 -

提问式赞美

提问式赞美就是通过询问对方取得某种优势的方法来表达对对方的关注，以及提出自己的愿景。

公式：提问 + 优势 + 愿景

> 您的学习能力这么强，学以致用做得太好了。我什么时候才能达到您这水平呢？希望您能传授点经验，好吗？

我们将上述表达拆解一下。

第一句里包含了提问和优势：您的学习能力这么强，学以致用做得太好了。

第二句里包含你的愿景：我什么时候才能到您这水平呢？

对方听了不但会很开心，并且会愿意把话题继续下去，乐于分享。产生互动，彼此的感情就拉近了。

假如你只是说：“哇，你的学习能力太强了。”对方最多礼貌性地回应你，然后就没有然后了。

故事性赞美

故事性赞美是通过讲一个具体的故事来赞美他人。

公式：感受 + 故事 + 赞扬

我前几天去拜访一位美食博主，我说：

> 小宽，我发现你对食物的热爱来自内心的尊重。上次参加你举办的晚宴，我发现你对每一种食材的产地、特点、品鉴要领都如数家珍，不但让我品尝到了美食，而且让我学习到了美食背后的原理，让我知道美味来自大自然的馈赠，每一种食材都有自己的灵性。这真是太棒了，是我参加过的最棒的晚宴。

这样的赞美会让听者很感动，觉得自己的付出没有白费，找到了知音。

记住，故事会产生力量，故事能传递感情。可以说，不会进行故事性赞美就无法真正领悟赞美的魅力。用这个方法赞美孩子特别有效。

标签式赞美

标签式赞美就是给对方贴标签。

公式：人物 + 标签

我们经常说，不要随便给人贴标签，的确如此，这里的标签指的是负面标签、刻板印象，而且有个前提“随便”。随随便便给人扣上不好的帽子当然不应该，但根据事实为对方贴上赞美的标签，是体现你高情商的好方法。比如，主持人在介绍一个演员的时候，就会贴好多标签，“××影帝”“××影后”等。在工作中，我们可能会说：“×先生，我很久之前就听人提起过您，您是××领域的开拓者，如果没有您的远见，我们后面的工作就没办法展开了。”

我们在跟朋友相处时，也可以略带诙谐地给对方贴个小标签。我有一次在北京出差吃饭，在朝阳区的一个饭店，听见邻座几个年轻人嘻嘻哈哈，大家在夸其中一个女生很漂亮，用了一个词“朝阳区高圆圆”，我就觉得这种半开玩笑的方式很可爱，也很有用。

无论是给自己贴标签，还是给别人贴标签，都容易在社交场合形成自己的个人“品牌”。

间接式赞美

间接式赞美是直接赞美的衍生品，是通过他人之口来赞美对方。

公式：他人观点 + 赞美

举一个非常生活化的例子，大家就能明白。比如，女孩子到男朋友家吃饭，回来的路上男孩对女孩说：“我妈特别喜欢你，说你温柔乖巧，是她心中的完美儿媳妇。”这个男孩就是借母亲之口来赞美女朋友。

而借他人之口，也不能随便乱借，这个人一定是对对方很重要，或者很有权威，对方很认可的人。比如，男孩的妈妈对女孩来说很重要，她很可能就是女孩未来的婆婆，所以女孩听完这样的赞美会很开心。又如我们在赞美同事的时候，也可以引用领导的话：“那天会议结束之后，张总表扬了你，觉得你是个很用心的人，为这次会议做了很多准备。”张总对于同事来说是上级，你借领导之口赞美他，他一定非常受用。

对比式赞美

有时需要通过对比达到赞美的目的。

公式：感受 + 对比 + 赞美

同样是赞美妆容，先举一个没对比的例子：

女 1：我今天的妆容得体吗？

女 2：我看一下。不错，你今天的妆容真不错。

女 1：感觉你在骗我。

女 2：骗你我是小狗。

这个对话似乎有点尴尬。

我们再来看对比式赞美：

女 1：我今天的妆容得体吗？

女 2：我看一下。哇，真不错。我跟你说，你平时化妆就已经很美了，今天的妆容淡雅、精致，和你肤色结合得太好了，美得不要不要的。

女 1：你说得太夸张了。（其实心花怒放。）

将上述表达拆解开来：

- 感受：哇，真不错。
- 对比：你平时化妆就已经很美了，今天的妆容淡雅、精致。
- 赞美：美得不要不要的。

怎么样，你学会赞美别人了吗？

随堂作业

赞美，是社交表达的高情商体现，是一种高情商表达的工具。

就像在演出现场不要吝啬你的掌声一样，在社交现场也不要吝啬你的赞美，它是人与人交往的润滑剂，是拉近彼此距离的最好方式。赞美是对别人最好的嘉奖，是别人喜欢的福利。赞美是认可和尊重，这种尊重和认可是双向的。

这节课的作业是，观察你的家人、朋友或同事，找到他们身上你欣赏的地方，选择一种赞美方式来赞美对方。

PART 2

直接表达，达到沟通目标的利器

人——无论是谁——本身都有无穷的潜在能力，
但能否开发出来，往往取决于每个人自己的态度。

- 安德鲁 · 卡内基 -

我曾经在一场聚会中遇到一个投资人，他在向我介绍另外一位参会的女士时，说对方叫“开心姐”，“人缘特别好，有很多大佬朋友，她自己也非常厉害，毕业于清华大学，你们都是女性，可以交个朋友，她特别值得交往”。同样，他把我也夸了一通，用了不少赞美之词。但是，回过神来，我发现我并不知道自己为什么要和对方交往，除了对方是名校毕业，同是女性之外，我对其他信息一无所知。

几次之后，我就觉得这位投资人每次都不把话说完整，介绍也没有介绍清楚，就是夸奖半天，让我们交换了微信，可是我们站在那里就很尴尬，不知道怎么开始对话才好。然后都在暗自揣测，对方是不是和这个投资人也不是很熟。

我还遇到另外一位投资人，他同样给我介绍了一位女士，他是这样说的：“这个人是做女性社群的，大家都说她做得非常好，但是我也看了一下，她的调性好像和你不太一样，你们的目标用户也不太相同。你自己和她聊一下，看看有没有合作的可能。”

这就说得非常诚恳，也很让人信任，因为他说明白了他介绍我们认识的原因——同是做社群的，也很直接地告诉我他的顾虑——调性不太一样，然后让我考虑是不是要和对方合作。这样，我就很清楚地知道，我应该怎么和对方沟通，我们沟通的目标是什么了。

身在 21 世纪的我们，尤其是 90 后，都更倾向于和直接表达自己感受的人交往。而且信息流动如此之快，大家注意力持续的时间又越来越短，在沟通中把信息更直接准确地表达出来，而不带有含糊的意思和情绪，就非常难得了。

再回到第一个投资人帮我介绍的那个故事。时隔不久，那个叫开心姐的微信朋友圈开始推送各种国外包包代购。我截了一张图给投资人，说：“老师，我知道是您给我介绍了这个人，但是我不太了解您希望我和她认识的意义，我看到她最近一直在推销代购包包……我是不是可以不和她继续交流了？”

对方说：“我也不太了解她，要不然你就删除她吧。”

我觉得这样的沟通虽然很直接，但并未伤及对方颜面。

为什么东方人的社交效率低?

我想问大家一个问题，你知道以下内容都是在表达什么意思吗?

> 今晚月色真美。
>
> 那一刻，我很暖。
>
> 很想带你去吹吹风。

怎么样，猜出来了吗?

乍一看，这些都是自我感受，其实这是网络上对东方人如何表达“我爱你”的讨论。这样的表达确实很美，是在暗示我喜欢你，我喜欢跟你在一起的时间，但是这样说谁能听得懂呢?如果你拿这样的话去表白，成功的概率取决于对方的理解能力，而不是他对你的满意度。

的确，我们东方民族更倾向含蓄委婉地表达，这在一定程度上导致社交效率低下。

但大家想过吗?我们还是孩子时却不是这样的。小时候我们要是不小心摔了一跤，大人跑过来问：“摔到哪里了?疼不疼啊?”我们就会老老实实地回答哪里破皮了，哪里疼。等再大一点儿，到了青春期，如果我们摔着了，别人关心地问哪里疼，我们就会有所掩饰，回答：“还好，没什么大问题。”成年之后，我们要是摔着了，有人问情况如何，我们的表达则更加含蓄了，可能会说：“你觉得呢？”要让别人来猜测自己的情绪。

思考一下，哪一种表达更有效果？肯定是孩子的表达，因为直接用语言来表达我们的情绪、感受，会马上获得帮助或关心。而长大之后，我们却遗忘了如何把内心的情感、感受用最简单的语言表达出来。很多人会告诉你，在与人沟通时，在人际交往过程中，要有礼貌，有时候为了照顾他人的面子，即使自己不喜欢，不耐烦，也要耐着性子保持客气。就算是拒绝他人，也要很委婉。我想说的是，直接表达或许当时令人有一些尴尬和难堪，但这何尝不是让彼此了解对方的原则和底线的机会呢？特别是在职场上，如果想获得高效的沟通，我们就应该学会直接、明了、坦率的表达方式，这样可以节省彼此的时间，为和睦相处做好铺垫。

但是要注意，直接表达并不是指将所有好话赖话都一股脑地说出来，想做一名沟通表达的高手，一定要规避一些错误的直接表达方式。

错误的直接表达方式

有人说直接表达很简单，就是直接把想法说出来，我们经常听到这样的话：

不好意思，我说话一直比较直。

我说话一贯直来直去，你别见怪。

记住，所有的语言表达都是智慧和礼仪的体现，千万不要把没有分寸的直接表达当成发泄自己情绪的借口。

以下三种直接表达的错误，千万别犯。

- 过于直接，不留余地 -

东方人的赞美过于含蓄，而批评却过于直接，这很容易引起对方的不忿情绪，比如说男生做家务这件事。

先生：我今天拖地了。

太太：可也没见你拖得多干净，你看那儿还有头发丝。

先生心想：难得干一次家务，你非但不夸奖还嫌弃，以后不干了。

- 信息过多，容易混乱 -

很多情况下，我们无法用一句话表达所有信息，假设你把三四个信息点集中在一句话里，这很容易让对方抓不住重点。

太太：亲爱的，请把孩子带到外面去玩，然后让她穿上红色的风衣，加上毛衣，戴上那条围巾。

先生心想：穿上什么颜色的风衣和围巾？还要戴什么来着？

- 抓错重点，无效沟通 -

如果你把直接表达等同于情绪发泄，也是错误的。尤其在职场中，过于直接的情绪表达并不是一种好的沟通方式。

员工：我感觉这件事情让我很受伤害，我感觉很疲惫，你根本就不在乎我们员工的感受！

老板心想：我发工资让你干活，你怎么还来指责我？

以上三种方式都是直接表达，可为什么没有达到高效沟通的效果呢？

那是因为这些都是没有经过训练的“直接表达”，这种杀敌一千自损八百的直接表达法，只会给沟通带来不好的结果。

真正的直接表达是什么样的呢？我们先用 ODCR 思维图来分析一番。

直接表达总模型：ODCR 思维图

- 直接表达的目的 -

我们习惯间接委婉地表达出自己的心理和生理需求，当我们七弯八拐地表达自己的内心想法时，殊不知接收你语言信息的人一样有七弯八拐的想法，实际上他可能理解不了你的真实意图，这样就造成了人际交往中的无效沟通。

直接表达的目的就是直接表达感受和需求。想要什么，不要什么，都直接表达出来，喜欢和不喜欢都直接表达出来，这样才能在沟通中达到目的。

例如，你想让另一半和你一起做家务。

间接表达	直接表达
女：我们家的卫生状况不是很好啊。 男：所以，你要多做几次大扫除啊，这样大家的健康才能有保障啊。	女：亲爱的，我感觉一个人做家务好累，希望有人可以跟我共同分担。 男：亲爱的，你辛苦了。以后家务活我会分担！

- 直接表达满足他人的需求 -

任何沟通都是有成本的，不要浪费别人的时间和精力。直接表达出你的感受和观点，就可以跟他人有效地分享自己的感受和想法，别人也会立即收到精准的信息，会更加有效、及时地执行。

间接表达	直接表达
女：你去买点水果回来。 男：火龙果给你买回来了。 女：火龙果又贵又难吃，你怎么就不懂我要吃什么？ 男：我……	女：亲爱的，你去买点苹果或者葡萄回来。 男：好的。

- 直接表达的核心 -

直接表达的核心其实就是“我的想法是什么”和“我的需求是什么”，要让对方在最少的信息里了解自己要表达的内容。

例如，你不想高频次地加班，可以这样说：

> 我很愿意为公司奉献一切，但我的想法是，过度加班反倒会影响我的工作效率，所以我想调整一下工作节奏。

- 直接表达的结果 -

直接表达很多时候就是为了满足自己真实的需求。多一些坦白和真诚，少一些无谓的套路，这是对彼此时间的重视，也是对彼此关系的珍视。

直接表达的规范和界限

- 两条规范 -

注意沟通有逻辑

所谓逻辑，简单说就是指一切事物客观运作的规律。而我们与他人对话的过程，就是不断挖掘和印证话语背后逻辑的过程。

举个例子：

母亲：你把那个给我拿过来。

女儿：哪个？

母亲：就那个，你怎么老是不懂我要表达什么？叫你做点事情总那么难，白养你了！

女儿：（摊手）你总是无端埋怨我。

你瞧，这样的表达就是在浪费时间，又增加了彼此的不满情绪。

我们知道，沟通的过程是与人互动的过程，所以有几个问题需要认真思考：

（1）我希望向对方表达什么意思？

（2）对方在向我表达什么意思？

（3）我跟他要在哪些方面达成共识？

还是上面那个例子，我们采取有逻辑的直接表达：

母亲：你把那个给我拿过来。

女儿：妈，麻烦您再说仔细点。您需要我拿什么？我刚才没注意听。（我希望对方传达信息具体一点。）

母亲：我在帮你整理衣服啦，你这件衣服有点皱巴巴的，把熨斗拿过来熨平整。（对方传达的是什么信息。）

女儿：太感谢您了，我马上拿过来，您辛苦了。（知道对方的信息，达成共识。）

所以，表达是要讲逻辑的。

在沟通中精确传达关键信息

关键信息非常重要，因为在沟通过程中，最重要的是把关键信息表达出去，并且以一定的逻辑、一定的顺序表达。

比如：

> 今天我们需要把各科作业本带到学校去，因为之后要进行期末考试。

关键信息就是今天要带作业到学校，还要进行期末考试，而且要在一句话里说完，因为大家平时太忙了，不可能听你说三句话。

我们经常会碰到这样的人，他会这么说：

> 今天你把那个作业拿出来，那些什么本啊，上星期的、这星期的，都拿出来。
>
> 我们要把作业带给周老师，对，教化学的周老师，带到学校去。所有的作业，包括卷子，不能缺了。
>
> 你知道啦，12 月 15 日，就是下周或者下下周，我们要进行期末考试，这些卷子呢，老师都要收起来。

这里用了三段话来解释一件事，同时有一些重复的信息。在我们这种紧张的生活节奏中，这样的表达就经常会漏掉一部分关键信息。

关键信息传达有一个公式：

关键信息 =（什么）情况 +（什么）结论 / 理由 +（具体）行动

“今天我们需要把各科作业本带到学校去，因为之后要进行期末考试”，在这句话中：

把作业本带到学校去，是情况；

之后要进行期末考试，是理由；

今天就要带去，是具体行动。

另外，关键信息的表达不能过度抽象。比如和丈夫说“给宝宝穿衣服”，和同事说“把那张表格给我拿过来”，这些表达过于简单抽象，反而容易给对方造成困扰。一定要把关键信息表达清楚，穿什么衣服，拿什么表格。

- 两个设置 -

设置好语言规范

我们说表达的核心其实就是“我的想法是什么”和“我的需求是什么”。但我们不能过于直接，要考虑两点：第一，别人会不会拒绝我的想法？第二，我能承担表达之后的结果吗？

所以，语言规范就非常重要，要做到以下两点。

端正心态：无论是表达需求还是满足别人的需求，都要心态平稳。

彼此尊重：无论结果如何，在语言上都要尊重对方。

举个例子，你发现自己的奖金被财务少算了几千元，向财务人员反映情况：

怎么搞的，这个月奖金少算了那么多？什么意思？我犯错了吗？我哪里做得不对吗？你非要针对我？还是你们工作能力有限？我也没看你们做什么事情嘛，奖金都算不对。

这样的话说出去，就算财务人员给你纠正过来了，他也不会开心。你不妨这么说：

我这个月的奖金少算了几千元。我知道数据多容易搞错，希望你们再算一次。

设置好尊重界限

直接表达时如果把握不好分寸，就容易让彼此尴尬，让气氛变得紧张。所以，双方都不能越位。直接表达是为了达成目标、共识，让关系朝着好的方向发展。当对方不接纳或者排斥你的想法，你自己也会产生新的情绪，这样或许会使双方的关系越来越糟糕。设置好尊重界限，无论遇到什么样的情况，都可以及时“止损”。

设置尊重界限就是，你要认识到对方可能会对直接表达有抗拒的心理，你这样表达对方可能会不高兴。但是，你要尊重对方的反应，不管对方接不接受你的表达，你都要保持你的风度，甚至可以调整你的表达方式。

所以我们可以有一定的预设的界限：

（1）直接表达，不是针对对方进行直接批评，而是更侧重于表达自己的感受，让对方知道你的想法，不是强调对错。

（2）要注意观察对方对你的直接表达的反应。如果你发现你的表达似乎让他不感兴趣，那你可能就要换一种方式了。

（3）要考虑到，可能你的话不受欢迎。这要看你对对方的了解和熟悉程度。

（4）如果对方不接受你的表达，你要准备好另外的方式，并且对可能出现的后果做好准备。比如及时说：“对不起，我刚才说的你可能不是特别赞同，我们换一种角度来看这个问题呢？”

直接表达技巧模型：金字塔模型

想要得体地进行直接表达，说话技巧是必须掌握的。这也是为什么同样一件事，不同的人表达出来，达到的效果却不同，有时往往只有一字之差。

我给大家介绍一种直接表达的金字塔模型，包含由 0 阶到最高阶的五种直接表达方式，不管你的直接表达是什么水平，都能找到对应的提升方法。（见图 2–1）

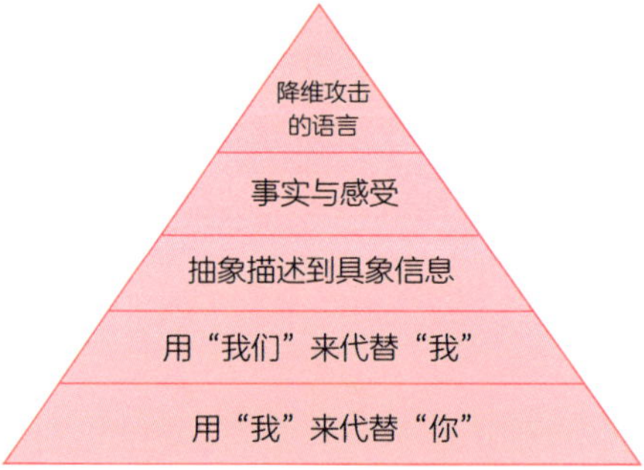

图 2–1　直接表达的金字塔模型

-0 阶：直接用“我”来代替“你”的表达 -

大多数情况下，当我们说话带“你”的时候，是在表达一种指责的负面情绪，而这种沟通往往没有办法达到我们的预期效果。

我们可以直接用“我”来代替“你”，这种方法可以减少很大一部分负面情绪。

你根本就没有参与到这个课程的研发中。

替换为：我不能一个人来研发课程，因为有点力不从心。

你没有按时完成自己的那部分工作。

替换为：我的时间也是有限的，我一直在等你完成你的部分。

你妈妈怎么老是把我扔掉的旧物捡回来？

替换为：我感觉废弃不用的旧物会影响我们的家庭环境和身体健康，但是你妈妈总是不舍得丢。

- 初阶：用“我们”来代替“我”的表达 -

是不是所有的沟通都用“我”来表达就是最好的呢？其实不然。如果你在工作中，一直只用“我”来表达，容易给人留下一种推卸责任的印象，因此在团队沟通中，必须要用“我们”来替代“我”。

比如：

我不能一个人来研发课程，因为有点力不从心。

替换为：我们不能靠一个人研发课程，因为工作量很大，你也需要参与。

我的时间也是有限的，我一直在等你完成你的部分。

替换为：我们的项目是有期限的，我们一直在等你完成你的部分。

我感觉废弃不用的旧物会影响我们的家庭环境和身体健康，但是你妈妈总是不舍得丢。

替换为：我们的家庭环境和身体健康是第一位的，废弃不用的旧物会影响它们，但是你妈妈总是不舍得丢。

- 进阶：由抽象描述到具象信息 -

互联网时代，很多沟通是在线上进行的，这就需要双方都很清楚地表达自己的意思，如果表达得太抽象，很容易有歧义，因此在进行线上沟通的时候，尤其是在发微信的时候，要注意把问题具象化。

公式：情境（时间）+ 具体物主（什么）+
关键词一（为什么）+ 关键词二（干什么）

从表 2-1 我们可以发现抽象描述与具象表达的区别。

表 2-1 抽象描述与具象表达

	抽象描述	具象表达		
		情境（时间）	物主（可能的关键词）	结果
赞扬	你做得不错	在这种时间紧、任务重的情况下	你为公司研发的天气 App 的测试	完全达到了厂商和市场要求
要求	送女儿去幼儿园	明天早上	如果天气太冷	请开车送女儿去幼儿园
要求	把表格打印出来	今天下午	把这份工商注册表格	打印出 20 份，并放在我的桌子上

- 高阶：事实与感受 -

在沟通的过程中，需要注意表达中事实和感受的比例，面对不同的人和场景，你需要有不同的侧重点。（见表 2–2）

表 2–2 表达中的事实与感受

事实	感受	原因
你妈妈又把我扔掉的旧物捡回来了	我感到担心	因为这样会影响我们的家庭环境和身体健康
你妈妈又做了特别多好吃的	我感到很幸福	因为有人爱护

当你想说负面事件的时候，请强调感受而忽略事实：

强调事实	强调感受
你看看，你妈妈又把我扔掉的旧物捡回来了。这件，这件，还有这件，这都是什么？你看看！（感觉马上要吵起来。）	我觉得有件事让我感到担心，因为它影响到了我们家庭环境和身体健康。（感觉老公会认真听你说话。）

当你想表达正面事件的时候，请强调事实而忽略感受：

你看看，你妈妈又做了特别多好吃的，你看这个菜、这个菜、这个菜，这么多菜。

这样表达能让人感受到你的快乐。

- 最高阶：降维攻击的语言 -

中国人很喜欢表达得似是而非，不直接说好或不好，这就导致说话的两个人得靠猜来理解对方的意图，这是低效沟通的根本原因，所以直接表达的最高阶就是对语言进行降维。

比如：

原则上我同意你的感受，而且它也确实非常真实，但是我们似乎还有一点修改空间。

降维：根据客户要求，我觉得这个设计还有提升的空间。

如果这个周末的某个下午你有时间，又正好在金茂大厦附近，你可以帮我推荐一下我们的酒会。

降维：周六下午 3 点，金茂大厦有一个粉红鸡尾酒会，希望你参加并帮忙推荐。

这五个简单的直接沟通技巧，你学会了吗？

随堂作业

直接表达是高效沟通的社交技巧。

有效表达你的意图，适当调整感受和事实表达的配比，用不同的技巧面对不同的人和社交场合，你也可以成为社交达人。

这节课的作业是，把一件需要协作的事情用不直接和直接两种方式来表达，看看同事或者自己家人的反应有什么不同。

PART 3

有趣表达，沟通不冷场的标配

幽默是生活波涛中的救生圈。

- 法国思想家　拉布 -

在各种沟通场合，例如人际沟通、商业谈判、职场演说、谈情说爱中，什么样的人更受欢迎？答案是风趣幽默、具有出众口才的人，只要他们在沟通场合，总能成为人们关注的焦点。

之前我辅导腾讯的《星空演讲》，这一次的演讲是由微信和《星空演讲》栏目一起举办的，所以演讲嘉宾都是微信创业者。他们每个人的创业故事都非常感人，比如因为意外病症导致失聪的麦子姑娘，她靠在微信上传授记手账的方法积攒到了可以让她去做人工耳蜗手术的巨款。再比如，一个曾经走街串巷贴小广告的开锁匠白云，后来通过微信小程序帮助成千上万的开锁匠来推广他们自己。这些演讲都真诚感人。

但是，这次《星空演讲》中得到最多掌声的恐怕是公众号“毕导”的创始人，科普界的段子手毕啸天。他是清华大学化工系的博士生，他的分享充满了各种幽默生动的比喻和小故事。比如，他用公式来判断一片薯片掉到地上还能不能吃，撒尿牛丸到底煮多长时间可以吃，还有他的一个“科学研究”，对于微信红包，到底是应该先抢还是后抢？他通过建模，用电脑程序模拟了一百多万次抢红包的过程，最后得出结论，越后抢红包，就越容易抢到大红包。也就是说，当一个红包扔到群里，要等一下再抢，这样抢到大红包的概率才会更大。他说：“从此，我就再也没有抢到过红包。”因为别人都不相信他的研究，不愿意等。他说完后，现场的笑声和掌声一样多。

据说，演讲结束后，连工作人员都忍不住想要毕导的联系方式，因为他实在太有趣了。用幽默有趣的方法来做一些“无用”的科学研究，可能会受到更多的欢迎。

而在生活中也是这样，即使是最难解释的理论，如果可以用幽默的方式去表达和沟通，就可能事半功倍。

但是，一般女性在幽默感方面是略逊于男性的。这就需要我们学习掌握幽默沟通的方法。

幽默是沟通的调料，可以帮助我们在沟通场合扭转乾坤，消除尴尬，化解不利形势。当陷入尴尬的沟通局面，很多人都会想："真是恨不得有条地缝能让我钻进去，丢死人了！"要是你掌握了幽默沟通的技巧，你就能走出这样的困境。

我们举个例子：

餐厅里，其他人都在津津有味地吃饭，一位客人等了很久也没有开始吃，因为他面前有饭菜，却没有餐具，于是他叫了服务员。

"您好，先生！有什么可以帮您？"

"你相信吗？我会隔空取物，把距离很远的物品通过意念变到我们面前。"

"我不相信，哪有人有这种能力！"

"我也不相信自己有这种能力，因为我试了很多次，餐具还是没到我桌子上来。"

"啊，对不起，先生，是我们的疏忽！马上为您拿来餐具！"

这位客人没有大声责骂，而是用幽默的语言来提醒服务员，既体现了自己良好的修养，又避免责骂之后服务员带着情绪为自己服务，还给服务员留足了情面，他的目的也达到了。试想一下，假如大声指责和抱怨，会有这样的效果吗？

幽默是一种经过艺术加工的语言形式，常会给人带来欢乐，其特点主要表现为机智、自嘲、调侃、风趣等。

确实，幽默有助于消除敌意，缓解摩擦，防止矛盾升级，还有人认为幽默能激励士气，提高生产效率。但幽默一旦使用不当，就会适得其反。

错误的幽默表达方式

幽默表达不是挖苦讽刺别人，“自黑”和“黑人”是两个不同的概念，还要注意把握说话的尺度，不能让人感到刺耳、乏味甚至低俗，这样只会让沟通更加不顺畅。

所以对于以下两个坑，若想成为有趣沟通者，你千万不能踩。

- 刻意滑稽，适得其反 -

用一个大家都说过的笑话会让人感觉很老套。比如：

甲：男女之间会有纯友谊吗？

乙：有，越丑越纯。

甲：……（尴尬）

说一些不体面的笑话也不是真正的幽默，比如在一个正式场合说一个有点低俗的笑话。

甲：一颗山楂结婚了，在路上走着走着突然说了一句话，是什么？

乙：不知道。

甲：我的脸好红啊！

甲：这颗山楂离婚了，在路上走着走着突然又说了一句话，是什么？

乙：不知道。

甲：我的心好酸啊！

乙：……（尴尬，感觉无聊）

甲：这颗山楂复婚了，在路上走着走着突然又说了一句话，是什么？

乙：不知道。

甲：我的肚子里有子了啊！哈哈哈，好不好笑？

乙：低俗。

- 贬低他人，自认有趣 -

我们对幽默最大的误解就是认为拿别人的身体缺点开玩笑是幽默的表现。例如：

甲：今天风很大。

乙：是的，很大。人都站不稳了。

甲：你不用担心被吹走，毕竟你的身体特别抗风。

乙：你有病吗？我吃你家粮食了吗？老说我胖！无聊！

甲：我开玩笑的嘛。

很多人都会踩以上两个幽默坑，并且深陷其中却不自知。怎么纠正这种错误的“有趣”表达呢？

幽默的两个原则

- 分清场合 -

沟通场合有正式的、非正式的，各有各的讲究，但无论什么样的场合，都不可胡乱表现幽默感。

比如在正式的场合拿身材开玩笑就是不合适的。一个新晋升的总监上台讲话，她很紧张，于是想开一个玩笑来缓解气氛：“其实我的工作能力不是最强的，但是我是工作能力强的人中性格好的。我的性格也不是最好的，但是我是工作能力强、性格好的人里最胖的。也许是因为我的体积大，所以胸怀大。”

这个时候，现场的同事想笑又不敢笑，因为怕笑了会让总监觉得大家认为她胖，但是不笑呢，鼓掌似乎也不是很好，因为她也没有说出什么特别好的观点。于是现场出现了短暂的冷场，大家都觉得无所适从。

但这样的幽默发言在私人场合就没有什么问题，朋友们大可以说：“你不算胖啊，就是健康结实而已。”

所以，幽默是要看场合的。

- 幽默得体 -

得体的幽默是指不对他人的宗教信仰及生理缺陷进行娱乐性的阐述，不让人感觉被取笑、被贬低。比如，不要在个子不高的人面前说身高，不要在胖人面前说肥胖。

幽默沟通总模型：ODCR 思维图

- 幽默沟通的目的 -

一本正经地聊天有时会让人觉得放不开，也容易让人觉得无趣，想要迅速结束话题，打破尴尬的氛围。幽默沟通能缓解压力、缓解尴尬、缓解情绪，让彼此在愉悦的氛围下达到沟通目的。

同样一件事，幽默和不幽默的区别如下：

不幽默	幽默
甲：你踩到我脚了。 乙：呀，是我不小心。 甲：你没长眼睛啊，真是的。 乙：你长眼睛了，怎么还把脚放在我脚下面？ （吵闹声）	甲：小姐，你一定练过轻功，你踩着我，我居然不觉得特别疼。 乙：对不起，是我不小心。 甲：没关系。主要是我的脚有点调皮，自己跑到小姐脚下去了。 乙：大哥，你真幽默。

- 幽默沟通满足的需求 -

无论是临时的沟通，还是预先准备的沟通，我们都希望沟通的结果能让彼此满意。任何沟通受阻或陷入僵局，都可以采取幽默的方式来化解。例如：

不幽默	幽默
甲：小明，明天周六，你别休息了，加个班。 乙：领导，我想休息。 甲：你有事？ 乙：没事。 甲：来加班！多学点真本领。 乙：好吧。	甲：小明，明天周六，是不是要跟女朋友去玩啊？ 乙：行年二十九，还是单身狗。 甲：要想娶娇妻，得有硬本事。明天我在公司，你有兴趣的话跟我一起学学？ 乙：太好了，求之不得。

- 幽默沟通的核心 -

每一次沟通的核心都是为了把自己的信息传达给对方，而幽默是一种智慧的表达。所以，用让人嘴角上扬、心情愉快的方式把重要内容传递出去会更加轻松、有效。例如：

不幽默	幽默
甲：我们一定要抓住这次机会，在接下来的 30 天把业绩冲上去，大家的待遇也会跟着提上去，大家有没有信心？ 众人：（消极）有。	甲：这次机会很重要，一旦这 30 天业绩没冲上去，大家都要变成卖火柴的小女孩了。零待遇啊！大家都想跟着我一起哭哭啼啼吗？ 众人：决不！

- 幽默沟通的结果 -

我们进行沟通是想要获得什么？实际上我们可以把结果写出来：这次沟通可以通过幽默的方式进行，沟通结束的时候，我希望对方在感到轻松愉悦的同时，也能答应解决问题。

例如：这次沟通很重要，我不想让彼此都过于严肃，我可以幽默一点，让对方感到快乐，并且同意把这批货提早安排给我。

四大幽默沟通公式

幽默感能不能培养出来？可不可以速成？答案是可以。

只要掌握几个原则、几个幽默公式，先了解套路，然后再自由发挥，假以时日，你就能成为一个幽默的人。

- 急转弯法 -

公式：套路 A 的结果 + 套路 B 的原因

甲：有 10 位养生科学家一致认为，龙虾和松露不能放在一起吃。

乙：为什么？

甲：因为你一起吃的话，会花很多钱。

套路 A 是一个养生知识，甲直接说结果，让人想知道原因，谁知道他马上来了个急转弯，到套路 B，说原因是花钱多。

应用这个公式的要点是，两个套路截然不同，但两个知识点都是大家所熟悉的。如果不熟悉，急转弯就不会有这样的效果。例如，如果你谈论原子弹、等离子、卤代烃、醇、酚、醚、醛、酮，多数人都不知道你说的是什么。

- 反差式调侃 -

公式：A 的形式 +B 的内容

甲：我们自愿结为夫妻，从今天开始，无论房价上涨还是下跌。

乙：无论限购还是限贷。

甲：无论首付优惠还是拆迁分房。

乙：无论避税还是学区房。

甲、乙：我们都风雨同舟，患难与共，同甘共苦，永不分开！我们一定能够坚守今天的誓言！

这个幽默段子实际上调侃的是因为房子而离婚的社会现象，其形式是结婚誓言。这种幽默应用比较广。要注意的是，运用这种幽默表达，形式和内容的反差一定要明显一点。

- 意外抖包袱 -

公式：故事 A+ 结局 B

抖包袱是相声表演的常用方法，一般是用来叙述一个故事。如果你在沟通场合要给人讲故事，抖包袱就特别实用。

甲：今天真不走运，我被人从微信群里踢出来了。

乙：为什么啊？

甲：我在一个博士群里，今天一个人问，一滴水从很高很高的地方自由落体，会不会砸伤或砸死人。群里一下就热闹起来，讨论各种公式、各种假设、各种阻力，反正吵得不可开交。

乙：那跟你有什么关系，你不发言不就得了？

甲：关键是我忍不住发言了。我就说了一句，各位，各位，你们不淋雨吗？群里突然特别安静。

乙：然后呢？

甲：我被群主踢出来了。

这个幽默套路就是，前面一直铺垫，听者也很容易被带入，到结尾的时候突然抖一个包袱，大家才恍然大悟。

当然，这个幽默公式的关键在最后的结局 B，它既和故事 A 有关联，又不一样。

- 类比幽默 -

公式：把 A 比作 B

形象恰当的类比往往给人以机智而幽默的感觉。

幽默的类比常常不需要逻辑严密，关键在于形象，要突出两件事物最相似的部分，并且要尽量简化，让人一下就能听明白。

以下例子，来自许君聪和秦岚的一个小品。

秦：你喜欢小动物吗？

许：非常喜欢。

秦：真的，我也很喜欢。喜欢到什么程度？

许：这么跟你说，顿顿不能少！

幽默的套路还有很多。

比如，悬念式幽默：

甲：我有一个秘密。

乙：什么秘密，快告诉我。

甲：不行，这是一个秘密。

又如，曲解经典式幽默：

甲：你做事怎么老是三心二意的？

乙：胡说，人只有一颗心。

培养幽默基本功

－培养观察力－

幽默来自生活。要想培养幽默感，就要锻炼观察力，从身边的事物、所处的环境、人的特点着手。比如，你家里桌子的位置有轻微变化，你的一个新朋友的眼皮是内双的，今天路上的车辆比以往少了一点（你可以去推断为什么少，发生了什么），在餐厅见到的某个陌生人是左撇子，你周围的人的表情、穿着等等。

观察是一种用心的行为，而非随随便便地“看”。针对一个平常的事物，你应刻意细微地观察它所具有的特征，注意其他人难以发现的细节。另外，进行对比也是训练观察力的好方法，比如，观察今天和昨天的窗户上的灰尘有什么变化，观察股市的变化并推测其未来趋势。不仅要观察事物的内在本质，也要着重发现事物的变化。

我们举一个例子：

甲：今年是 2020 年吧？

乙：是的。

甲：我感觉你是来自 2021 年的人？

乙：怎么这么说？

甲：你穿的这身衣服，搭配恰如其分，不是一般的美，我感觉已经赶超明年春秋季的时尚了。

- 积极的积累：电影、段子、名著、名人名言 -

很多人一开始不会自己原创幽默的话，很容易冷场，其实可以先积累幽默素材，方法很简单：不断累积信息，包括电影、段子、名著、名人名言。

要及时更新当前热门电影的相关信息，对一些热门餐厅也有自己的见解，甚至多少知道一些大家关心的社会话题，否则在沟通场合，你会感觉自己像是刚从火星上回来的，与其他人格格不入。

你需要对周围的信息、新闻热点话题、电影、音乐多少有些了解，否则你就会让其他人感觉跟你没有共同的语言。说一个大家都知道的八卦是拉近人和人之间距离的最好方法。我经常见到这样的事情，在一个饭桌上，本来气氛很沉闷，大家在专心致志地吃饭，突然间有人说："你们知道吗，某歌星第四次结婚了。"另外的人说："是吗？怎么回事？"这其实就借由一个周围的热门信息，让大家拉近关系。

一个典型的例子是美国著名的脱口秀主持人吉米·法伦（Jimmy Fallon）。他每天早上看 40 多份报纸，然后总结出自己的观点。他到任何地方演讲都让人觉得特别有意思，总能说出新故事和自己的观点。所以，他永远是人群中的焦点。作为一个普通人，我们不可能每天早上看 40 份报纸，但是至少要看一下当天的新闻。大家讨论一个话题的时候，你表现得好像刚刚听说，这在某种程度上会让大家觉得你不热爱生活，或者对社会形势不够敏感。

拥有和大家一样甚至更高的信息量，会让你更好地掌握沟通中的主动权。

- 勇于自黑 -

刚开始尝试进行幽默沟通的时候，掌握不好尺度，最好进行自黑。这是一种很好的训练基本功的方法，因为黑别人不好拿捏尺度，弄不好就得罪了人而不自知，但是黑自己就没有这个顾虑，还让人觉得你很谦虚、接地气。

前文讲的毕啸天就特别善于自黑，他对自己进行小小的取笑会引起哄堂大笑，而且给他带来了上百万粉丝。

愿意把自己的一部分信息分享给大家，而不是特别保守地对待一切个人信息，并且勇于自黑，这可能是我们现代人必备的一种社交沟通方式。

如果你想成为一个在沟通中有趣的人，同时让大家喜欢你、接受你，那么你就要保持一种自黑精神和开放乐观的态度，而不是过分敏感地对待别人的笑声。

比如你的同事和你差不多年纪，你们在聊去上海出差的事，她说："咱们这些老阿姨是没有精力去逛上海迪士尼了，见完客户实在太累了。"然后你就很生气，心想："我怎么就是老阿姨了，你自己老就算了，把我拉上干什么？”如果你这么说出来，是不是大家都很尴尬？其实，你完全可以自黑，说：“上海的老阿姨都精致得像小姑娘，而我们北京来的才是老阿姨好吗？我们健身都不去健身房，而是直接跳广场舞。”你说这话的时候，大家并不会觉得你真的是这样，你明明是一个精致白领，和广场舞无缘。本来“老阿姨”也不是特指年龄大，而是一种自谦的说法，大家会觉得：第一，你很融入这个气氛；第二，你勇于自黑，什么笑话都接得上。这时候，大家就会觉得你很好相处，和你就亲近了。

所以说，我们要学会适当地自黑，保持“别人说我什么，他不是针对我”这种乐观心态，这样才能变得有趣起来。

随堂作业

幽默是人际关系的加速器，合理使用必然会受到别人的喜欢。幽默是让沟通不冷场的利器，只要掌握了这一点，不管是在什么样的场合，你都能畅所欲言，全程做最受人喜欢的那个人。

这节课的作业是，用自黑的表达方式给自己编几个段子，比如，人家说我是演讲老师，演讲一定很好，我的回答都是：游泳世界冠军的教练不一定都是游泳好手，而我恰恰是那个不会水却教别人游泳的教练。

然后把你的自黑段子讲给朋友听，看看他们是不是笑出了声。

改变你的内向，去积累，去收获，你也可以成为社交达人。

PART 4

正确定位沟通角色，决定沟通效果

一个人一生中会扮演许多角色。

- 威廉·莎士比亚 -

我有一位学生，他叫杨桥，原来开了一家汽修厂，后来利用互联网开发了一款汽修平台 App，这款 App 上，从 4S 店到汽修零件厂，应有尽有。

有一次，他让我帮他看一下他的年会发言稿，我看了一眼，发现他的发言稿第一句是："兄弟们呀，大家过年好！"我问他："咱们公司就没有女员工吗？"他回答说："有啊。""那为什么是兄弟们呢？"他说："是呀，之前没有注意。那就把第一句改成'兄弟们，姐妹们，过节好'。"我问他："现在公司是做什么业务呢？"他说自己的公司前身是一个汽修公司，当时和自己打拼的都是一群兄弟。现在公司已经成为一个互联网平台，也多了很多文职和技术人员。我说："那叫兄弟们、姐妹们好像还是有些江湖气，现在你是一个互联网平台的创始人了，是不是可以改变一下称呼呢？”

于是，杨桥改变了在年会上对大家的称呼，他说：“公司的小伙伴们，大家过年好。”

这就是角色定位的调整。在沟通中，不管是针对一个人进行面对面的沟通，还是针对多人，甚至是在公共场合，都需要学会正确进行角色定位。

99% 的沟通矛盾源于沟通角色错位

很多人在职场沟通（同事之间、上下级之间、与客户之间）、家庭沟通（夫妻之间、父母孩子之间，以及与其他家庭成员之间）、恋爱沟通、朋友沟通中总会产生这样的烦恼，例如“我讲的道理明明都对，为什么对方就是听不进去”，甚至还会产生冲突和矛盾。

在我看来，99% 的沟通矛盾都源于沟通时的角色错位，也就是自我定位不清晰。

什么是沟通角色？就是你在开启谈话时，把自己想象成某一个角色，然后以适合这个角色的言行举止进行谈话。

沟通角色错位，是指角色扮演者在实际沟通中与社会、群体、组织、他人的心理预期和要求不相符合。角色错位会扼住你职业发展的咽喉，也会降低生活的幸福感。

很多夫妻沟通，并不是把彼此当作夫妻双方，而是父女或母子，热播剧《我的前半生》中的罗子君和陈俊生就是这样的。陈俊生可以放任子君的任性，花钱大手大脚，不分担夫妻共同的困难，而后来这样的角色错位也导致了夫妻关系的破裂。

职场的同事之间本来是平等的，应该以互相尊重的态度沟通，不仰视，更不俯视，而是平视对方。但有的人因为自己在能力上比对方强，在资历上比对方老，在学历上比对方高，就不自觉地扮演了居高临下的角色。这样的沟通自然不会顺畅，甚至会带来矛盾。

我们来举个例子：

甲：老公，你用东西的时候在哪里取的，用完就放回原处。

乙：哦，好。

甲：比如遥控器要放回原处，鞋子要放进鞋柜，衣服要挂在衣架上。我每次都要帮你收拾，听见了吗？

乙：听见了。我又不是三岁小孩。

甲：哟，讲你几句你就开始不爽了？我不就是提醒你吗？哪次不是我反复提醒，你才做对的？你脾气还那么大。

乙：你天天像个老妈子在我旁边叨叨，烦。

甲：你有没有良心啊？（哭闹）

这种对话其实在生活中并不少见，这样的夫妻之间的角色是错位的。妻子不自觉地把自己当作母亲，把丈夫当作了孩子，所以就用跟孩子说话的语气跟丈夫讲话，丈夫就会嫌烦，觉得她啰唆。如果换成平等关系沟通，应该是这样的：

甲：老公，我有点累，过来帮我揉揉肩膀。

乙：啊，怎么啦，最近工作太辛苦了吗？

甲：最近工作压力大了一些。没办法，工作多。好希望你能帮我分担一点啊。

乙：有什么我能做的一定要告诉我，你这样我很心疼的。

甲：老公你真好，你现在能不能帮我分担一点家务？

乙：好啊，要我做些什么？

甲：遥控器、鞋子、衣服帮我归整到原位。你一忙起来就忘记了物归原位。

乙：不好意思，老婆，一会儿我就去收拾一下，让你看看我做起家务来也一样棒。

在这个例子里，妻子利用夫妻双方的互相关心、爱护提出要求，让对方感觉这是尊重式的提醒，而不是命令式的指责。

沟通是人与人之间、人与群体之间思想与感情的传递和反馈过程，让人达成思想的一致和感情的共鸣。

在沟通中，只有明白自己的角色定位，才能和对方进行更有效的交流和沟通。一旦角色错位，沟通就会出问题。

错误的角色定位

中国有句俗话，叫作“到什么山头唱什么歌”，在西方沟通学上，有一个词叫作“心理预期管理”。在沟通表达上，我们也要见什么人说什么话，及时调整沟通角色。沟通角色错位有两大表现。

第一，在其位而不谋其政。意思是在那个大家期待的位置上，却不明白自己角色的职责和义务。

我们举个例子：

甲：这件事情你先别做了，交给我吧。

乙：领导，可我刚刚做完一半了啊。我可以自己做完的。

甲：你这做一半的时间，我早就做完了。算了，还是我来吧。还是自己做才放心啊。

乙：领导，我知道这件事情很重要，我已经很用心在做了。

甲：我不看过程，只看结果。你中止这个工作，去做别的吧。我自己来。

乙：（委屈）哦。

这显然是上级与下级的沟通，看上去似乎很合理：上级交代的重要事情下属没有及时完成，于是上级就决定亲自完成。但实际上这是一种角色错位的沟通。上级没有扮演好领导角色，而是办公室里不讲理的霸道者。领导的重要工作是有时候给下属指导和帮助，在下属灰心气馁的时候给予激励和鞭策，在下属做出成绩的时候给予赞扬和鼓励等，而不是什么事情都亲力亲为，这样既降低了工作分配的效率，也没有考虑到下属的真实感受。

第二，不在其位却谋其政。意思是扮演不是属于自己的沟通角色，以那个角色的身份来与对方沟通。

我们举个例子。

有一次，我的一个在《华尔街日报》工作的好朋友要跟踪采访一位从美国到中国来工作的名人，《30岁前别结婚》的作者陈愉女士。我的记者朋友中文很差，怕自己无法理解现场对话，所以就请我来做他的翻译。

事情一开始进展得十分顺利，但是后来陈愉女士要到一家公司去开会，我和那位记者朋友就一起去了。在会议过程中，陈愉女士因为对中国不够了解，提了几个想法，我在翻译的过程中忍不住就插了几句嘴。

这个时候，我的记者朋友马上拉了一下我的手臂，他说："你是作为翻译来列会的，我们跟踪采访也是本着不介入采访者的正常工作的原则。你这样做很不妥当，即使是出于好意。"

我当时也马上意识到了这个问题。因为参加会议的双方，包括陈愉女士和她的合作者，都不太明白一个翻译怎么突然说出了不是翻译出来的话。

这就是一个对角色认知错误的例子。好在那是我唯一一次作为翻译出席会议，这证明我是一个不合格的翻译人员。

在商务场合，例如会议、谈判中，如果忘记自己的角色定位，抢话、出风头、不计后果地表达，肯定会导致不良的后果。

角色定位总模型：ODCR 思维图

- 角色定位的目的 -

不清晰的角色定位	清晰的角色定位
甲：小张，我想跟你说，做人不能懒惰。谁懒惰，谁就会被社会淘汰。你看你，都这么胖了，还不运动，干脆周末你跟我一起去跑步吧。 乙：管好你自己吧，少为别人操心。 甲：你应该明白，我这都是为你好。 乙：用不着，我老妈都不嫌弃我胖，你嫌弃啥。 乙：我是邀你去运动。 甲：我还看你不顺眼呢，哼。	甲：周末准备干吗呢？ 乙：睡觉、逛街、打游戏。 甲：哇，真舒服啊。我打算去健身馆运动一下，不知道你有没有时间，有没有兴趣一起去？ 乙：运动很累啊。 甲：是有点累。主要因为我们工作一周了，身体需要激活，这样才会健康。健康成就未来嘛。你说呢？ 乙：有道理，要不你周末叫我，我妈说我有点儿虚胖。

角色定位的目的就是无论在什么样的沟通场合，都明确

自己的职责和义务，避免沟通不畅。

在错误示范里，甲把自己当成了说教者，扮演了长辈的角色，所以沟通起来很费劲，令人误解。而在正确示范里，甲清晰地扮演了兄弟、同事的平级角色，所以沟通顺畅。

- 角色定位的需求 -

角色定位最大的需求就是不要角色错位，一旦错位，就会导致错位沟通。错位沟通简单来说就是，你认为你自己是在低调做事，可是别人会觉得你很世故。你觉得你很善良，别人会觉得你没用。你是领导，你认为自己的单位环境非常好，员工工作起来也开心，但实际上并不是这么回事。

所以，你要对自己的角色有清醒的认识，在进行角色定位的时候，要多参考其他人的意见。比如你是领导，你觉得员工工作很开心，那么你其实可以和员工沟通一下，再定位自己的角色。再比如，你是一名助理，但是在公司里经常喧宾夺主，让别人以为你是老板，那么你其实可以看一下大家对你的反应，再决定自己是不是应该说这句话。

- 角色定位的核心 -

角色定位的核心就是：匹配。明确自己在什么场合应该扮演什么角色。

前文的例子中，我作为一个记者的翻译，在别人的会议上插嘴就是非常不恰当和不匹配角色的行为，这样的举动会让参会双方都感觉困惑，不明白我是什么身份，造成不必要的误解。所以，定位自己的角色是沟通中非常重要的一步。

- 角色定位的结果 -

角色定位是为沟通的结果负责。要么用语言来交换信息，目的是要尽快完成某个目标，开会、面试、推销，都是这样；要么以建立关系为导向，约会、闲聊、聚餐，多是这种。角色定位正确会让我们沟通成功。

如何避免沟通中的角色错位

社会学家欧文·高夫曼说过：我们每个人在沟通中，不仅仅是一个编剧，而且还是个表演者，将我们创造的角色表演出来。

你肯定会疑惑：这个世界上那么多人，那么多角色，难不成他们的沟通技巧都得学吗？

是的，如果我们一一列举各种沟通角色，三天三夜都讲不完，但我们可以从“角色错位”的角度来校正我们的角色定位。

在我看来，沟通角色错位一共有四种：向下错位、向上错位、向内错位、向外错位。

- 如何避免沟通的向下错位 -

向下错位是指当你与沟通对象的身份并不对等时，例如你是对方的长辈、领导，容易出现的沟通错位。

典型表现：事事过问

向下错位的典型表现是对晚辈、下属不够信任，什么事情都要亲自过问，什么事情都要沟通，生怕晚辈、员工犯错，甚至会产生“不想跟你费口舌，我自己干会做得更好”“孩子就是孩子，什么事情都欠考虑，不成熟”等类似的想法。对于管理者而言，如果把工作重心放在执行层面，自己还会有时间处理更大的决策层面的事情吗？对于长辈而言，如果大小事都要过问，孩子还能学会独立自主吗？

错误沟通角色：操心家长

沟通特点：事事操心，苦口婆心，看似处处关心，实际上是不放心。

沟通表现：

甲：明天的提案做完了吗？

乙：做完了。

甲：检查了吗？

乙：检查了。

甲：检查错别字了吗？还有图片别丢了，文字表述也要通顺。这些都要检查。

乙：您不放心，我就再检查一下，虽然我已经检查了 5 遍。

甲：这样吧，你发给我，我再检查几遍。不是不信任你，是我们不能犯错，对吧。

乙：您是领导，您肯定是对的。

甲：对了，我检查完，我给你讲一遍要领，免得明天你汇报提案时出错。

乙：要不，明天您亲自上场提案？

甲：也行。不是不信任你，我们要力求完美。

乙：好。（无奈并暗自生气）

这样的领导非常累，把自己的角色定位成操心家长，把下属当成孩子看待。长此下去，大家想一下会变成什么样呢？

正确沟通角色：导航员

沟通特点：指导为主，引导为上，不管细节，侧重策略。也就是说，正确的向下沟通是引导式的。

沟通表现：

甲：明天的提案做完了吗？

乙：做完了。

甲：检查了吗？

乙：检查了。

甲：非常好啊。我们这次提案特别重要，你能按时完成，我很欣慰。对明天的汇报有把握吗？我可以当一次听众吗？

乙：当然啊，我也是这么想的，希望您能提出不足之处。

甲：我们共同探讨。

（讲解过程）

甲：不要计较明天的得失，成了不骄傲，败了不灰心。我会为你加油。

乙：全力以赴！谢谢领导。

这样的沟通是巧妙的指引型沟通，既检查了提案，避免了重大错误，又激励了下属，给予他们信任。

– 如何避免沟通的向上错位 –

向上错位与向下错位刚好相反，是晚辈和下属常犯的错误。

典型表现：自作主张

向上错位的典型表现为在沟通中自以为是，自作主张，并没有把长辈的话或领导的指令放在心上，而是自己发挥，在生活中帮长辈做决定，在职场上帮领导做决策。

错误沟通角色：代言人

沟通特点：以代言人自居，替别人拿主意，越位过线还不自知。

沟通表现：

甲：公司政策下来了，凡是迟到 3 次，扣绩效分 1 分，罚款 200 元。

乙：领导，我觉得这个政策有点问题。

甲：什么问题，你说。

乙：第一，正确性，我觉得迟到 3 次扣 1 分有点苛刻，员工会有意见。第二，可执行性，我不觉得员工能执行得了，毕竟大家住得远近不一。扣 200 元，太让人心痛了，到时候大家肯定有很多意见。

甲：那你觉得怎么做才是合理的？

乙：迟到6次扣1分，先试行3个月，不行再协调。

甲：哎呀，小明，我感觉你在公司有点屈才。

乙：嘿嘿，我也这么认为。

甲：我觉得你适合坐我这个位置。不，坐我这个位置还是让你委屈了，要不你去找董事长说一下，让他把他的位置让给你？

乙：……（尴尬）

一旦下属把自己当成代言人，就会导致角色向上错位，企业就会出现决策和指令难以贯彻，实际工作无法落实的问题。大家可以想一个生活中这样的例子。

正确沟通角色：记者

沟通特点：假定自己是一名记者，然后去问一些有用的问题，探寻真相，只要不过于冒犯对方。

沟通表现：

甲：公司政策下来了，凡是迟到 3 次，扣绩效分 1 分，罚款 200 元。

乙：领导，公司既然制定了政策，我们肯定会执行，不过有些地方我不明白，可以请教吗？

甲：当然可以。

乙：为什么是迟到 3 次扣 1 分，公司是从什么角度来考虑的呢？还有，为什么一定要罚钱，公司又是怎么考虑的呢？

甲：你问了两个好问题。迟到 3 次扣 1 分是因为发现大家每月基本都迟到 4 ～ 5 次，如果迟到 3 次就进行处罚，会引起大家的警觉。罚款嘛，就是让大家觉得损失的钱不少，就会自觉不迟到了。

乙：我明白了。那些住得远的同事怎么办呢？工资低的同事怎么办？

甲：远一点的人只能早起了。当然最好别迟到啊。

乙：我听说隔壁公司处罚员工迟到有点意思，迟到 1 次跑步 1 公里，迟到 3 次就要掏钱请同事吃水果或喝奶茶。领导，你觉得他们这样可以吗？

甲：哇，这样挺有意思，我去了解一下，然后再跟上级领导沟通。谢谢你啊，小明。

这样沟通就达到了目的。通过扮演记者角色，不停询问对方不反感的问题，并且顺着对方的思路，帮他去思考、选择，达到满意的沟通结果。

这种沟通方式就没有越界，同时尊重对方，会带来更好的效果。

- 如何避免沟通的向内错位 -

向内错位，就是沟通的时候随意侵犯别人的心理空间。说得形象一点，就像动物有自己的领地，无故受到外物侵犯，自然会发起攻击。我们要注意，每个人都有自己的私人空间，沟通时不可侵犯。这跟我们之前讲的，不要嘲笑肥胖者，不要取笑残疾人，是同样的道理。

典型表现：肆无忌惮

向内错位的典型表现为在沟通中百无禁忌，随意发挥，总以为自己和同事、朋友、长辈、客户都很熟悉，所以讲话就没有分寸，忘记了自己的角色定位，随意谈及别人的隐私、秘密或缺点。

错误沟通角色：闯入者

沟通特点：不分青红皂白，也不讲究时间地点，严重破坏彼此的“亲密度”。

沟通表现：

女：老公，我又跟你妈闹了点不愉快。

男：她是老人家，你要让着点。

女：谁说我不让她了。她又把我扔掉的旧衣服从楼下垃圾箱捡回来了。我抱怨几句，她就说我不会过日子，败家。你什么时候去说说她。

男：妈妈从小含辛茹苦拉扯几个孩子，日子过得很不容易，这种事情，你就忍一下。

女：凭什么是我忍啊，怎么不叫你妈忍一下。她老糊涂了吧，不会忍了吗？哼，她是你亲妈，你们才是一家人，我是外人！

男：你就会无理取闹！什么事情都无理取闹。

女：浑蛋东西！

这个妻子就是典型的“闯入者”角色。她侵犯的丈夫的心理领地就是：妈妈是伟大的，必须尊重。一旦突破这个沟通防线，对方当然会非常不高兴，并且关闭沟通的渠道。

正确沟通角色：合伙人

沟通特点：换位思考，让对方感同身受。你可以把自己想象成是一个合伙人，这样你会更加关心对方的利益和立场，看有没有什么困难可以共同分担。这种沟通会显得双方更加平等，同时也更加真诚。

沟通表现：

女：老公，我可能得罪妈了。

男：怎么了?

女：我觉得家里的东西太多了，如果一些旧的东西不清除掉，整个家里都没有条理，也会影响心情，所以我把一些不用的东西扔掉了，可能让妈妈不高兴了。我理解她也不容易，一直很节省地过日子。

男：啊，我理解啊，扔东西要背着妈。

女：我也是为了我们家好，断舍离，才能管理好这个家。而且捡回来的东西，没处理过，对孩子健康也不好，奶奶那么疼孙子，对吧?

男：对啊，扔的时候别让妈看见了，她以前苦日子过惯了，养成了爱惜东西的习惯。

女：我明白的，所以我难受，不开心。

男：你别不开心了，我去和妈说一下。

女：那她会不会不高兴?

（老公来处理这件事情了，妻子不用正面面对冲突。）

这位妻子就很聪明，知道老公的心理底线在什么地方，自始至终都没有讲婆婆的坏话，像合伙人一样为老公阐述事实和自己的感受，沟通结果自然是令人满意的。

- 如何避免沟通的向外错位 -

向外错位，就是沟通时把自己当成一个外人，“独善其身”，划清界限，对“麻烦事”撇清责任，置身事外。

典型表现：不关我的事

向外错位的典型表现是，认为这件事情与我无关，我不负责这件事情，这不是我的错，我根本没有接触这个客户。就是随时随地都要把自己置于沟通之外。

错误沟通角色：局外人

沟通特点：在沟通的时候不断提醒对方，他所描述的事情、工作与自己关系不大，承担不了那么多责任。

沟通表现：

甲：小张，这件事情是你们部门在负责吧？

乙：是我们部门负责的，但具体是小明在负责。

甲：那文案校对呢？

乙：是小芳在负责。

甲：案例里的数据呢？

乙：是小红在负责。

甲：那案例校正我找谁啊。

乙：小明啊。

甲：那你负责什么？你不是部门领导吗？

乙：我负责跟你传话，不做具体事情。

这个案例中的对话是不是很熟悉？这样的沟通随时可能在职场中发生。那正确的角色定位是什么呢？

正确沟通角色：自家人

沟通特点：沟通时随时让人明白这件事情与自己有关，自己愿意承担责任，并愿意积极参与进来。在恋爱中、职场中，自家人的角色会让人放心，产生信任感，会让沟通顺畅。

沟通表现：

甲：小张，这件事情是你们部门在负责吧？

乙：是我们部门负责的，但具体是小明在负责。不过有什么问题吗？可以跟我说一下吗？

甲：文案有点问题，数据还要核对，还有整体案例还要校对。

乙：具体问题他们几个具体负责人比较清楚，我叫他们一会儿来找你校对。你也可以先和我说一下，我好了解整体情况。虽然具体事情我没有参与，但这件事的每一步我都了解。

甲：好的。情况是这样的……

大家看，一旦转换角色，就会自己把责任承担下来，让沟通继续下去，而不是像之前的案例那样，沟通不断中止。

我读过一个通俗的小故事，分享给大家。

洞房花烛夜，羞答答的新娘忽然掩口而笑，对新郎说：“看，老鼠在偷吃你家的大米，嘻嘻……”第二天夜晚，老鼠又来了，新娘一声怒喝：“该死的老鼠！敢来偷吃老娘家的大米！”嗖的一声，一只鞋子飞了过去。

很显然，新娘子快速完成从“外人”到“自家人”的角色转变，并敢于担当了，这就是角色定位的奥秘。

随堂作业

每个人都要明确在每个沟通场合的角色定位，不越位，不抢位。这样的沟通和表达才会显得情商高。无论什么样的沟通，无外乎向上、向下、向内、向外四种，记得自己扮演的正确角色，让每一次沟通都顺畅，不产生矛盾。

这节课的作业是，看一下自己的朋友圈，看看自己在朋友圈发图片和帖子时将自己定位为一个什么样的角色。

试试看，你在生活中有没有关于角色管理的思考。

PART 5

细节表达，决定沟通的成败

太多优秀的思想因为不善言谈而被埋没。

- 马克 · 扎克伯格 -

我遇到的很多企业家，平时的表达往往过于精练或者抽象，因此在沟通中出现很多问题，有些事想得清楚却说不清楚。

比如，有一次我去朋友的办公室喝咖啡，亲眼看到他和助手在沟通上的问题。他和我聊起他们最近谈的一个项目，于是对他助手说："把上次客户给我们带的宣传手册拿来。"很快助手就拿了一本册子过来，他摇头说："不是这个客户，是上次那个汽车品牌的客户。"于是，助手又拿过来一本宣传册，却是另外一个品牌的宣传册。这时候，他开始生气："怎么回事，上次开会你不是出席了吗？和北汽的联合宣传。"助理小心翼翼地说："上一次的宣传会我恰好请假，没有出席。"

所以，在缺乏细节的沟通中，他们浪费了很多时间。

还有一次，我参加全国精英女性组织"红颜会"的一场会议，发现她们的会长在发言的时候喜欢用“这个”“那个”来指代一些具体事件和人物。比如她说：“这个让我们都心存感激。”而正确的表达应该是：“这次著名企业家董明珠女士的出席和她对大家的鼓励让我们心存感激。”又如，“这个大家如果喜欢，我们可以提供下载地址”。而正确的表达应该是“大家如果喜欢这个会议视频，我们可以提供下载地址”。

细节的精准描述在日常表达中非常重要，这种能力甚至在语言表达中排名前几位。

在生活或职场中与人沟通的时候，我们经常听到别人说：“你想清楚再说。我都没听明白你说的是什么事情！”“你能不能讲清楚点？”

甲：这个项目终于到了收尾阶段，我们今天开个项目总结会，主要向各位说一下项目进度和项目中出现的问题，以便大家在接下来的工作中能够避免类似的事情发生。好，现在请项目经理说说。

乙：好。目前项目进度还算正常。问题嘛，也出现了一些，但都及时被纠正了。其他也没什么。

（众人呈懵懂状态）

甲：× 经理，你能不能讲清楚点？

乙：大家都参与了这个项目，所以进度方面按部就班、各司其职就可以了。问题方面，就是大家把小问题纠正一下，顺顺利利完成这个项目。

甲：× 经理，我都没听明白你在讲什么？你们听明白了吗？

（众人摇头）

乙：我说得够清楚的啦。

甲：算了，算了。散会，你回去好好想一下，想清楚、想仔细了再给大家汇报吧。

乙：……（尴尬）

这位经理一定觉得委屈，好像自己已经说清楚了，别人为什么不懂呢？其实很多人在生活中都会出现这种情况：想的时候特别清楚，但表达出来却一点也不清楚。为什么会出现这种情况呢？这就是本节课要讲的核心内容：表达内容要有细节。

什么是表达内容有细节？

就是在沟通中抓住具体的情节，加以生动而细致地讲述。细节表达就像你拿着一个放大镜，把你要表达的事情，准确、生动、细致地表达出来，使得你的沟通对象对你的表达内容印象深刻，听得明白，领会你的意图。

我们再举一个例子：

没有细节的表达	有细节的表达
甲：啊，我好紧张，我好紧张啊。 乙：哪里紧张了？说说。 甲：我就是很紧张。哎呀，太紧张了。 乙：你说得我都很紧张了。	甲：我好紧张。我心跳好快，手脚也冰凉。不信，你摸摸看，是不是很凉？我都感觉自己不能呼吸了，要窒息了。天哪！ 乙：你这么紧张啊。来来，我听说深呼吸能缓解紧张感，我们一起来做几次好不好。 甲：好。

在沟通表达时，如果没有细节阐述，别人是无法深刻理解你的想法的。一旦你进行细节阐述，别人就会感同身受，会进行相应的配合。

有时候评判一个人的社交沟通能力，不在于其声音的优美，也不在于其说话的风格，而在于其传达信息时，能不能“把话说清楚”，这其实就是前面说的准确、生动、细致地表达。

但对于细节表达，有些人是有误解的。接下来给大家说说错误的细节表达方式。

错误的细节表达方式

表达细节不是啰唆，“唐僧式啰唆”会让人抓狂。

大家都看过经典电影《大话西游》吧，罗家英先生扮演的唐僧简直就是“啰唆的巅峰”。

（悟空一把抓住唐僧手中的月光宝盒）

唐僧：干什么？

悟空：放手！

唐僧：你想要啊？你要是想要的话你就说话嘛，你不说我怎么知道你想要呢。虽然你很有诚意地看着我，可是你还是要跟我说你想要的。难道你真的想要吗？你想要的话我会给你的，你想要我怎么可能不给你呢？不可能你想要我不给你，你不想要我却偏给你的，大家讲道理嘛！现在我数三下，你要说清楚你要不要……你真的想要吗？那你就拿去吧！你不是真的想要吧？

悟空：啊，我受不了了！（画外有啪啪啪狂揍的声音）

细节表达不是啰唆，谁也受不了啰唆的表达，这样的表达会让听者失去耐心和注意力。

啰唆的表达是，本来一两句话可以讲清楚的事情，非要扯东扯西地说半天，从 A 说到 D，冗长而无味，反反复复就那几句话。细节表达是为了说清楚事情而采取准确的描述。两者是有区别的。

啰唆的表达	有细节的表达
甲：我们小区的物业服务太差了。 乙：怎么了？ 甲：晚饭后我在小区散步，看见好多宠物的大小便。你说那些宠物主人也是，怎么不会教自己的宠物不要随地大小便呢？不会教就不要养啊，养了就要教好啊。不教好，是不是特别没素质？对，就是没有素质，让人烦，讨厌！你说，物业一个月收我们那么多钱，干什么吃的？连个小区环境都维护不好，还好意思跟我们要钱？这么没有水平的管理，谁喜欢？简直是太倒霉了。 乙：你到底想说什么呢？ 甲：哎呀，怎么我说了半天你都不懂呀。 乙：……（摊手）	甲：我们小区物业的服务太差了。 乙：怎么了？ 甲：我说一点关于环境管理方面的。我们小区很多人养宠物，宠物们在小区草坪、花圃、路上甚至台阶上大小便。哎呀，无论是早上上班还是晚饭后散步，总能闻到各种臭臭的气味，要是不小心一点，会踩到大小便，哪里还敢坐在草坪上看星星月亮呢。 乙：是有点恶心。 甲：我要跟物业反映一下，让他们出个政策让宠物主人收拾好爱宠的大小便。环境卫生好，大家才能住得更舒心。 乙：对，不然物业费白交了。

啰唆的人表达观点是混乱没有逻辑的，一会儿骂宠物主人，一会批评物业管理不行，啰啰唆唆却没有一个表达核心，听的人听不到要点、重点，只听见他在发泄和抱怨。

有细节表达的人观点是明确的，他要建议物业管理好养宠物的人，这样大家才会舒心。他对宠物大小便进行细节描述，这些细节很具象，让人体会到小区环境的脏乱臭，自然会引人共鸣。

究竟我们为什么要在沟通中采取细节表达呢？我们用ODCR 思维图来分析一下细节表达的内在核心逻辑。

细节表达总模型：ODCR 思维图

－细节表达的目的：准确而具象地传递信息，提高沟通效率－

沟通中的细节描述能把更多的信息准确地传递给沟通对象，让对方捕捉到你信息中有价值的东西，提高沟通效率。

例如在职场中，我们经常会开会。如果不注重细节表达，要么会议开得过于简短，参会者不理解会议的核心内容，解决不了问题；要么开得冗长，一个小问题要讨论几个小时才结束，参会者觉得特别无趣和浪费时间，也达不成共识，这两种情况都会造成沟通效率低下。

过于简短	过于啰唆
甲：本次会议的目的主要是让大家别浪费公司资源。节约资源者有奖励，浪费资源者可耻，还会被重罚！散会。 众人：啥意思？什么情况？怎么都没说清楚什么事情呢？	甲：公司资源也是公司财产。不要因为是公共财产，大家就随便铺张浪费。我在这里不点名批评了。打印纸也要钱，笔记本也要钱，卷纸也要钱。公司每一分钟都在花钱，每一种物品都要花钱。节约，是一种美德，我希望大家把这样的美德保持下去。也许你们以为这是小事。不是小事！聚沙成塔！再这样浪费，公司迟早被你们弄垮！ 众人：……

注重细节
甲：最近公司出现资源浪费严重的情况。例如，打印纸只打一面，浪费；笔记本没写完又申请新的，浪费；卷纸呢，随便乱扔，还剩不少又去申请新的，浪费。另外，下班后忘记关电脑、关灯，浪费。各位，创业不易，每一件物品都是有成本的。大家认同吗？ 众人：认同。 甲：那大家觉得应该怎么办？ 乙：每个人按真实需求领取。 丙：对铺张浪费的人，进行一定的处罚。 甲：很好。今天物品管理部出台了新的管理办法，大家在下班前提意见。明天起执行新的《公司物品管理办法》。大家清楚了吗？ 众人：清楚了。

- 细节表达满足的需求：讲清楚，听明白，不误解 -

细节表达因为精确、细致，容易让人在沟通场合把事情说清楚，听者也能听明白。

从 A 到 D，沟通产生误解	从 A 到 A 的细节，沟通顺畅
甲：老婆，帮我买点感冒药，我感冒了，很严重。 乙：知道了。十分钟后你提醒我一下。 甲：提醒，又要提醒。这么简单的事情也要提醒。不是我说你，你这丢三落四的毛病要改一下。上次去我妈家，你连衣服都忘记拿回来，还要我七十岁的妈妈给你送回来，能不能有点孝心？父母年纪大了，我们要孝顺他们，不是折腾他们。 乙：你给我讲清楚，我怎么没有孝心？我哪个月没去看你父母？哪次没买东西？你才没孝心，每次到我家，都像大爷一样，一点儿活都不干！ （两个人吵个不停）	甲：老婆，麻烦你帮我买点感冒药。我今天外出，可能衣服穿少了，现在感觉有点发烧，身体很冷。我现在在被窝里，还瑟瑟发抖呢。本来我想自己买的，但没有力气，还觉得眼冒金星。 乙：这么严重啊。我马上去买，立刻就回家。

很多沟通没有细节，只有啰唆的话，交流一些不复杂的事情却花了很长时间。明明要说 A，谈的却是 D。这样的沟通会让对方不明白究竟在交流什么，甚至对沟通内容产生

误解。

在生活中沟通，越亲近的人越会说话随意。丈夫病了，让妻子帮忙买感冒药，结果从买药——没有细节描述，又扯到妻子没孝心上，两人产生误会。其实只要把感冒的事描述仔细点，就能达到买药的目的。

- 细节表达的核心：目标明确 -

沟通中要有细节描述，能让对方清晰明确地了解目标。

很多人沟通谈事情，会因为彼此的信息交叉而中断，离沟通目的越来越远。细节表达，会让我们一直牢牢锁定沟通目标。

在以下反面案例里，偏离主题的沟通到后面会让彼此无所适从。而在正面案例里，仅仅围绕色彩、款式等细节沟通。越多细节，沟通目标就越聚焦。

在沟通中，可以恰如其分地进行细节描述是一种情商高的表现，因为要掌握这些细节一般需要一定的观察，以及对对方有所了解，同时能传递合理准确的信息。

无法明确目标的沟通	有明确目标的细节沟通
甲：我们今天要讨论“春季穿搭主题”的创意。 乙：春季的确是一个让人心情愉快的季节。穿上漂亮衣服，踏青，多惬意。 甲：对呀，春节出去旅游的确舒服。对了，你今年打算去旅游吗？ 乙：打算去欧洲，看爱琴海，看巴黎的埃菲尔铁塔。 甲：哎呀，我们又跑题了。我们继续说“春季穿搭主题”。 乙：对呀，不好意思，不好意思。春季，浪漫。浪漫这个词不错。你想啊，万物复苏，春光灿烂，两个人手牵手去感受春意，真美啊。 甲：是啊，然后再喝一点暖暖的米酒，看一场喜欢的电影。 乙：哇，是很浪漫啊。 （越扯越远）	甲：我们今天要讨论“春季穿搭主题”的创意，从颜色、款式来思考。你有什么想法吗？ 乙：春天，浪漫、旅行这两个词不错。 甲：浪漫？那就是从颜色营造浪漫的感觉？例如天空蓝的纯净、桃花红的清丽，你觉得这两种颜色搭配如何？ 乙：很美。款式上采用简约风格，去掉过多的线条，视觉上体现高贵，触觉上体现柔美，这样也让人觉得浪漫。 甲：对。这个创意有意思。然后我们说一下“春季穿搭主题”与旅行有关的创意。 乙：美好的春装就是心灵的旅行。怎么样？ 甲：太好了！

－细节表达的结果：双赢－

细节表达，能把信息传递清楚，让沟通双方都很愉悦，有种皆大欢喜的感觉，双方都愿意接受沟通之后的决定，也会很愉悦地去完成沟通目标。

三种细节表达技巧

- 放大镜法 -

公式：核心问题 + 步步追问 + 仔细阐述

放大镜法，就是把一个主题不断放大。放大不是直接告诉对方观点，而是采取追问的方式，让对方把细节描述出来，答案也会出现在细节中。

我们看下面的正面案例。核心问题是客流有限，然后放大这个问题，步步追问：通过问店长原因，让其动脑分析；一个点一个点地追问，让其一个点一个点地详细阐述；最终让其自己找到解决方案。注意，在追问的时候，一定要紧贴问题，不能问偏了。

正如“世界上没有完全相同的两片树叶”一样，我们怎能苛求他人的想法和自己一致呢？遇到问题时，要通过沟通，剖析问题，增强彼此间的了解，以求得到认同、理解和支持。

没有细节的沟通	放大镜法细节沟通
甲：店长，本周业绩简直没法看，只卖了这么点。 乙：是啊，老板。现在有时候一周也卖不了之前一个周末的量。 甲：你们要努力啊，要对得起自己的工资啊。 乙：我们很努力了啊，但客流有限、货品不足啊。 甲：不要找客观原因。好的营销人员不会找借口。 乙：（嘀咕）你都不理解我们。	甲：店长，本周业绩简直没法看，只卖了这么点。你觉得是什么原因呢？ 乙：客流有限啊。进店的人不多，我们也没办法。 甲：想一下客人为什么不进我们的店？有解决方法吗？ 乙：隔壁店的员工都是站在门口主动迎接客人的，我们没有。我觉得我们也应该这么做。 甲：站在门口迎接就够了吗？还可以怎么做呢？ 乙：告诉顾客我们有什么新款产品，还有什么折扣促销活动。 甲：只告诉他们折扣和新款就够了吗？要是他们还不进来怎么办？ 乙：人人都喜欢贪小便宜，针对带孩子的家长，给孩子送气球，还可以送发饰给女生。 甲：不错。你总结一下。 乙：客流有限，但我们不要找借口，要主动、有方法地让顾客进店。

- 多角度法 -

公式：核心主题 + 多个角度（至少三个）

这种方法很简单，提出一个主题，描述细节的时候从不同角度对主题进行阐述。

我们分析下面的正面案例。

核心主题：公司业绩怎么提高。

多个角度：角度一，参与感；角度二，凝聚力；角度三，荣誉感。三个角度与“业绩”紧紧相关。

多角度细节沟通告诉我们，我们每一个人的经历、价值取向、知识层次都是有区别的，对同一事物的观点和看法也会有差异。站在不同的角度观察同一事物，会产生多种结论。当别人的观点和自己不同时，如果固执己见，不采取有效的解决方式，就容易产生矛盾甚至冲突。多角度细节沟通是达成理解和认同的基础，是处事理智和周全的保证。

没有细节的沟通	多角度细节沟通
甲：领导，你找我有事？ 乙：是的。公司奖励计划出来了：韩国釜山看樱花。 甲：太好了！ 乙：你的部门有 6 个人，只有 4 个名额。我看要么按照业绩来评比，达标的人才可以去。我听说有两位业绩不达标啊。 甲：但这样会不会让没去的同事不开心，影响士气啊？ 乙：那怎么办？要不，部门主管和副主管展现一下高风亮节？你们不去，他们去？ 甲：啊，这……	甲：领导，你找我有事？ 乙：是的。公司奖励计划出来了：韩国釜山看樱花。你的部门有 6 个人，只有 4 个名额。听说有两位业绩不达标，要不他们就不要去了。 甲：领导，我有个想法，想和你探讨。我们奖励员工的目的是什么？显然是为了提高公司业绩。公司业绩怎么提高呢？一是参与感，业绩来自每个人的积极参与，全部去旅游就表明公司没有抛弃任何参与者；二是凝聚力，业绩来自上下齐心，团结一致，不全部去旅游意味着分裂，未来怎么出业绩？ 乙：你说的有一点道理。但这会不会让业绩不好的人觉得以后干不干好无所谓呢？ 甲：业绩还来自荣誉感。旅行是对业绩的奖励，让大家明白荣耀来自自己的付出。业绩不好的同事反倒会放下包袱，在未来树立积极的工作态度。 乙：好，都去！

- 多感官法 -

公式：主题（动作 + 神态 + 感受描述）

在沟通中，我们不要简单描述事实，而要把自己的感受也说出来，让对方产生同理心，同时具体感受到大家的沟通内容。前面我们举的买感冒药的案例就是多感官描述。多感官描述包括动作、神态、心理描述。关于动作，我们在之后的第 11 部分会讲到。神态就是你描述感受时候配合的表情，例如微笑、难受、痛苦、苦恼等。心理描述就是把身体感受和心理感受详细描述出来，这是描述的重点。

我们每个人接收外界信息都是通过 5 种感官来实现的，分别是视觉、听觉、触觉（感觉）、嗅觉及味觉。而在沟通时，我们最主要利用视觉、听觉、感觉三种。在细节沟通上，多调动自己的感官，并且用语言来描述这些感受，就能达到精神层面的沟通。

没有细节的沟通	用多感官法的沟通
甲：通过今天吃饭，我感觉你并不爱我。 乙：瞎说，我怎么不爱你了？ 甲：反正我就是这么认为的。原来你不爱我了。我错了，真的错了。 乙：我一直很爱你。你别乱说。	甲：老公，你是不是不爱我了？ 乙：瞎说，我怎么会不爱你呢？ 甲：今天吃晚饭的时候，你只顾给你妹妹夹菜，都不给我夹菜。还有我的手被汤烫了，当时眼泪都快疼出来了，你只是说用凉水冲冲。更过分的是，我想吃龙虾，你似乎不高兴，你知道我当时多失落吗？我现在心里堵得慌，我想哭。老公，你不爱我了！ 乙：对不起，对不起。今晚的确客人多了一点，我本想着你是我最亲近的人，不要那么客套的，没想到反倒冷落了你。你知道吗？你被烫的时候，我真希望被烫的人是我！不让你吃龙虾，是担心你吃海鲜过敏，上次你吃就过敏了，又痒又难受，我心疼。 甲：原来你是这样想的，老公，我爱你！

随堂作业

细节的表达，决定了沟通的成败。

有细节的内容，无论是描述性的，还是感官性的，都能给人以“这个信息值得认真沟通”的认知。没有细节，就没有沟通。大家一定要掌握三种细节表达的方法。

其实细节表达的能力可以通过反复练习来提高。这节课的作业是，每次看完一部电影或者读完一本书，给你的朋友讲一遍。如果你的朋友听得津津有味，就说明你的细节描述得比较好。只有表达有细节，对方才能理解这部电影，并且产生画面感。复述故事是最初级的细节表达练习，当你把电影内容复述得不错之后，你可以再给别人描述一道菜肴，看看可不可以把你的感官体会的细节表达出来。

PART 6

表达有观点，提高社交影响力

所有的领导力都是通过把想法有效地传达到别人心里实现的。

- 美国社会学家　查尔斯·库里 -

在 21 世纪的今天，我们生活在一个信息过剩的时代，每天都会收到来自各方的信息，时常让人昏头涨脑。

这个时候出现了一个词，意见领袖（KOL，key opinion leader）。

我身边有很多做自媒体的朋友，他们都拥有自己的自媒体微信公众号或者微博账号，也拥有自己的粉丝，他们就被称为意见领袖。

比如大象公会的创始人黄章晋，他是我的朋友，他的大象公会拥有很多拥趸，每次公众号文章一发布，几个小时之内就会拥有 10 万 + 的阅读量，也会成为很多人聊天的话题。这些文章其实是他通过观察，总结出来的观点，而这个观点通过公众号文章的传播，得到很多人的认可。然后，这个账号，乃至他个人就增加了很多粉丝。而后，他得到了真格基金的投资。可以这么说，观点是有价值的，观点带来的影响力也拥有商业价值并得到资本的认可。

他本人其实是一个不善言辞的人，可是在朋友圈中却非常受欢迎，那是因为他愿意发表自己的观点，而他的观点往往非常独特，并且一针见血。甚至一发生什么事情，大家都愿意去和他聊一聊，听听他怎么说。在生活中，他也拥有一个高质量的社交圈。

所以，他的观点其实是他自己和他的公众号的价值所在，甚至是他的品牌，如果按照会计学的理论来说，就是他的无形资产。

生活中，不乏表达主见的人，那些有趣又愿意表达自己观点的人就是在体现自己的价值，并期望得到人们的重视。

表达观点才是最好的社交名片

一场社交活动结束后，给我们留下深刻印象的是哪种人？是衣着华丽，佩戴着全场最大钻石项链的女士？还是全程最美艳动人，宛如仙女的女士？都不是，让人印象最深刻的，一定是那位谈吐得体，有见地、有思想的人。所以，表达有主见和观点，才是社交场上的独特名片。

沟通时有主见，虽然说起来容易，但做起来很难。很多人总是怯于表达自己的观点，总是随声附和或者保持沉默。我们举个例子：

女：亲爱的，我们今天去约会吧！

男：都行。

女：那是去看电影还是去吃饭呢？

男：随便。

女：可是我想吃的那家餐厅在城东，电影院在城西，感觉不能同时进行。

男：看你。

女：你能不能做点决定。都行，看你，一点都没有诚意。算了，不出去，在家各自玩手机吧。

男：（一脸无辜）发生了什么？

沟通场合最无趣的应答就是“随便”，这两个字显得我们在沟通中特别没有情感和态度。当然，除了生活中的沟通，还有更为复杂的沟通，很多人不是不想表明自己的态度和观点，而是怕自己的观点被人耻笑，被人忽略，被人反驳。长期如此，就会变成“社交隐形人”，无论在生活还是职场中，都变成一个被忽略的人，没人注意到你的存在，也没人在意你的想法、你的观点、你的意见。

所以，表达有观点，有态度，会让人看见你的魅力，看见你的能力，是让别人记住你，增加自己个人魅力的一个非常好的方法。

同样的案例，有主见的沟通是这样的：

女：亲爱的，我们今天去约会吧！

男：好呀。

女：那是去看电影还是去吃饭呢？

男：女士优先选。

女：我想先吃饭后看电影。

男：好选择，温饱问题永远排第一。这样，我建议先去吃你最爱的湖面捞火锅，让身体充满元气之后，再去看你偶像马赫沙拉·阿里的最新电影《绿皮书》，怎么样？

女：好的。亲爱的，你真棒！

很多人觉得，沟通有主见太容易了，不就是替人做主，发表看法，表明态度吗？其实没那么简单，我们会常犯两种错误。

错误的观点表达方式

- 无端否定 -

有时候我们会被情绪控制，在沟通中全盘否定别人。例如，用带有感情色彩的词语丑化对方，给对方贴上“某某粉”“某某派”的标签进行立场攻击，对沟通对象进行人身攻击。

甲：你向领导投诉我是因为什么？

乙：我只是说出了我们这次犯错的事实，是希望未来我们能引以为戒，提供更好的服务。

甲：少找这些冠冕堂皇的理由。其实你就是想为自己谋取利益，没错，你让我在领导面前出丑，就是想自己往上爬。说到底，你骨子里就是两面三刀、打小报告的小人，是一个跳梁小丑而已。

乙：你怎么能不顾事实血口喷人呢？

甲：切！

这样的沟通有态度和观点吗？有。但这样的“观点”实际上是站在道德制高点对别人进行胡乱打压，这根本就不是沟通，而是单纯逞口舌之快。

－断章取义－

这个错误的表现是，虽然我说不出一二三，但只要我觉得你说得不对，我就要反驳你，挑你毛病，但是挑毛病却没有挑准。这就像一个士兵训练打靶，每一枪都没打中靶心，却对教官说，反正我开枪了。

（社交场合）

甲：现在的员工动不动就提出涨工资，队伍难带啊。

乙：是啊，我也遇到过这样的情况。

丙：这位老板，员工提出加工资很正常啊。你们想一下啊，他们为你加班卖命，为公司创造效益，辛辛苦苦，勤勤恳恳，提出涨工资就正常嘛。

甲：每一个公司都有自己的加薪制度，怎么能随意加，这不乱套了？

丙：制度是死的，人是活的。在我看来，不给员工涨工资的老板就是吸血鬼。

甲、乙（面面相觑）：你是谁啊？

如果在社交场合这样断章取义，看似在表达自己的观点，实际上非常不合时宜。谁愿意听一个陌生人讲脱离事实的观点呢？这样的沟通，并不能起到任何交流的作用。本质上，这仍旧只是争个口头输赢而已。

接下来看看 ODCR 思维图，看看有主见的表达背后的逻辑是什么。

表达观点总模型：ODCR 思维图

- 表达观点的目的 -

表达有观点，最重要的目的是树立自己独特的思想标签，展现出自己不同于他人的一面，这样在沟通场合就不会泯然众人矣。比如以下案例：

没观点	有观点
甲：你好。刚才你的“女性的力量”演讲真是太棒了。 乙：谢谢。 甲：我真的感觉你特别棒，我太崇拜你了。我一定要以你为榜样。 乙：你客气了。好多人都这样说。我还有事，抱歉。 甲：我……	甲：你好。刚才你的“女性的力量”演讲真是太棒了。 乙：谢谢。 甲：你说的“女性的温柔是给世界最强有力的一击”这个观点让我震撼。我以前总是觉得女性要对抗，要强硬，不服就干。 乙：看来你真有一些感想啊。 甲：是的。温柔而有勇气，不逃避，不回避，以柔克刚，定能将百炼钢化为绕指柔。 乙：哇，我喜欢你这句话。我们加个微信好吗？

- 表达观点满足的需求 -

有观点的表达会在很大程度上收获对方的关注，满足彼此的荣誉感，这是一种极其有效的放大自己的形象和亮点的方式。

没观点	有观点
甲：你们这家餐厅很有特色。 乙：是的。 丙：谢谢。 甲：装修好，服务好，餐品也好。 乙：对，对。 丙：谢谢。 甲：下次我一定介绍我朋友来吃，真的。 乙：对，对。 丙：谢谢。 甲对丙：你只会说谢谢啊。	甲：你们这家餐厅很有特色啊。 乙：是啊。古朴中带有时尚。印着中式花纹的墙壁韵味十足，舒服的就餐区用镂空屏风隔断，筷子、杯子，甚至一个小小的牙签盒都设计精巧，让人爱不释手。 丙：哇，你真是行家啊。 乙：哪里哪里。其实我最喜欢餐厅帘幕轻遮，有佛香氤氲，有雅乐绕梁，洗涤心灵。菜品精致犹如山水画，还颇有“一花一世界，一叶一如来”的禅意。 丙：我马上叫老板来认识您，知音啊。 甲：哟，好啊。叫你老板给我们打折啊。 丙：一定，一定！

- 表达观点的核心 -

表达有观点的核心在于有思想和价值观的输出。每一次沟通现场，我们都希望收获不一样的内容和观点，如果你每次说的内容没有进行更新和迭代，那就很难展现出新的思想和价值。

- 表达观点的结果 -

有观点的表达可以帮你在社交场合快速找到同一阵营的伙伴，并且与之达成共识，这是一种准确并有效率的建立感情和关系的方式。

有观点的表达可以帮助你迅速在社交场里找到自己的位置，并且得到认可，是一种事半功倍的社交沟通手段。

观点表达的修炼秘籍

让沟通有主见，有观点，应该分为三个层次。

第一，有建设性观点

什么是“建设性观点”？它是能在沟通对象观点的基础上帮助对方补全论证、完善观点，使之更完备的观点。对方的观点是基础，而自己的观点有升华。

举个例子：

甲：你刚才说的一个观点——人生大事有主见，特别有意思。

乙：谢谢。

甲：我还想请教，对人生小事要怎么办呢？

乙：人生小事也要有主见。

甲：不错。不过我有另外一种想法，想和你探讨。

乙：请说。

甲：人生小事请随缘。

乙：愿闻其详。

甲：人生小事，鸡毛蒜皮而已。随缘，是对其微不足道的清醒认识，是一种自由精神，是一种达观，是一种超然，是一种从容。

乙：你启发我了，人生大事也该如此啊。真是人生本无事，庸人自扰之！

甲：对呀。

建设性观点，是对沟通观点更严密、更完整的补充。当你提出建设性的观点后，对方一旦认可，接下来的沟通和交流就顺畅了。

第二，针对性反对

沟通有主见，并不是一味认同。它的更高维度是针对性反对，在沟通中敢于提出自己与众不同的想法。当然，你反对这些观点，不是出于主观臆断，而是经过深思熟虑，有理有据，采用正确的论证方式提出反对意见。

举个例子：

甲：老师，你刚才说一个人的教养是来自原生家庭的教育。我不完全赞同。

乙：那你的观点是什么？

甲：人类学家说，教养的本质是对人的关怀。你关怀别人，对别人体贴、周到、真诚、尊重、得体，别人通常也会反过来如此待你。教养应该是社会影响、家庭教育、学校教育、个人修养综合形成的结果。

乙：非常好。我接受你的反驳。

第三，寻求共识

我们回到沟通的本质，是双方促成了解、信任和达成共识的过程。

在沟通中展示主见，不是为了争胜负、分高下，而是在了解彼此的观点之后达成共识。不要执着于短期的得失，而是追求双赢。

举个例子：

子：上学真是无聊透了！

父：为什么这么说呢？

子：学校教的东西不实用啊。

父：你现在觉得学习的东西不实用是正常的，我小时候也有这样的想法，结果自己现在只能做修车工。

子：修车工用不到微积分，也不用讲古文吧。我也想未来像你一样做一名修车工，收入不低。

父：修车工不是不好，但收入不是我们衡量自己未来的标准啊。

子：怎么不是，没钱怎么上学，怎么买生活用品？

父：那你考虑到未来了吗？互联网时代不是来了吗？未来如果是机器人修车工代替人类干活，那时候你在哪里呢？能干什么呢？

子：……（沉默）

父：我知道读书辛苦，不过你现在都上高三了，现在放弃是不是有点可惜呢？你确定你竭尽全力了吗？

子：我已经很努力了，但成绩还是上不去。

父：我们可以拿更多的时间出来，减少看电视的时间，减少和同学闲聊的时间，减少玩游戏的时间。抢时间、抓基础、勤演练，我相信，你会冲刺出一个不错的成绩的。

子：要是我做到这些，还是没能上一个好学校呢？

父：竭尽全力，问心无愧，心安理得，就算是给自己一个好交代了。

子：好，我试一试。

父子对话，双方都有自己的观点，有分歧，但最终还是达成“再努力学习一次”的共识。我们很多时候的沟通没有注重达成共识，只抓住分歧在争论，结果呢？只会增加沟通矛盾。所以，有主见地表达的最终目的，是沟通双方达成共识。

观点表达的方法：黄金三论点

表达有观点的方法很多，如果要上手快，发表条理清晰、主次分明、重点突出的观点，有什么速成法吗？

我们必须知道以下两种情况。

一是讲得乱：颠三倒四，前后矛盾，主次不分，没有重点，没有条理。

二是不敢讲：不敢突破自己，不敢发表自己的观点。

“黄金三论点”就是一套快速将自己的理念整理成观点，同时将其讲清楚，并且讲得有条理的方法，用在演讲、公众场合发表意见等方面很有效，也很好掌握。

大家有没有发现，“三”是有普遍应用性的词语？

例如：

时间：过去、现在、未来。

初期、中期、后期。

地点：家里、公司、市场。

人物：你、我、他。

买方、卖方、中间人。

其他：高层干部、中层干部、基层员工。

其实，我们在沟通过程中经常用“三论点”，例如：

我发表三个见解：第一个见解，……第二个见解，……第三个见解，……

我就三个方面谈一下自己的心得……

我讲三个事例……

我就产品、市场和服务三个方面进行阐述……

我们的任务是分三步走……

我们目前有三个需重点解决的问题……

就过去、现在和未来，我分三部分进行论述……

我们公司发展的三步棋是……

我对三个方面表示衷心感谢……

这种三段论式的表达方式给人以很强的逻辑感，能够让人在你的论述中迅速抓到要点。以上举例可以马上应用，例如：

各位好，我对三个方面表示衷心感谢！第一感谢政策支持，没有好的政策，我们公司的项目就无法落地生根。第二感谢团队的付出，没有大家的齐心协力，同舟共济，我们不可能存活到现在。第三感谢投资人，没有你们的信任，我们不可能大胆拼搏。再次谢谢大家。

现在我们正式介绍“黄金三论点”表达法（见图 6–1）。

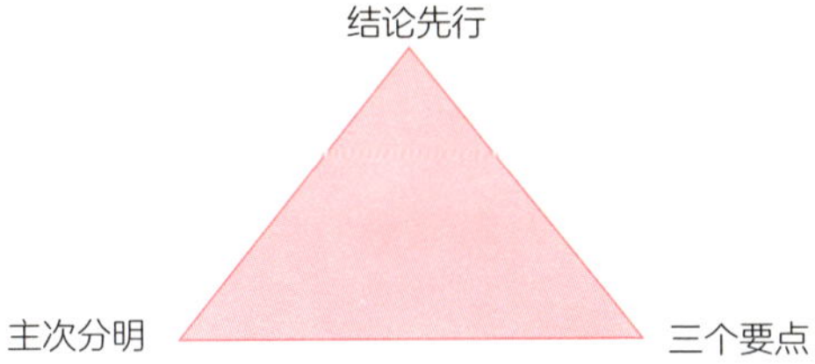

图 6–1 “黄金三论点”表达法

- 结论先行 -

我们中国人习惯的表达方式是这样的：先说事情的原因、经过，再说一些话作为铺垫，然后才导出结论。但是在职场或者重要沟通交流场合，时间是非常宝贵的，你需要瞬间抓住别人的思维。所以我们需要“结论先行”，这也是体现你有主见的语言表达方式。例如：

结论不先行的三论点	结论先行的三论点
我发表三个观点：第一，人才是公司的竞争力；第二，人才是公司的黄金库；第三，人才决定公司生死。所以，人才才是公司最强的软实力。	各位，我的观点是人才才是公司最强的软实力。我从三个方面来讲：第一，人才是公司的竞争力；第二，人才是公司的黄金库；第三，人才决定公司生死。

结论先行的好处有以下几个方面。

第一，让沟通者第一时间抓住要表达的核心内容，消除他的“不耐烦”情绪。

第二，打破了中国人先铺垫后得出结论的习惯，直接抛出观点，从而提高沟通效率。

第三，开门见山抛出结论，然后阐述支持观点的细节、事实、理由做支撑，会让我们的表达更有说服力。

在很多以突出成果为目的（商务汇报、研究汇报、成果总结），需要短时间说清楚问题的场合，都需要先把强有力的结论告知对方。如果对方对你的成果都不感兴趣，那你的长篇大论自然也就没意义。

再举个例子，去参加面试，做自我介绍的时候，大家是怎么介绍自己的呢？

无结论的自我介绍	有结论的自我介绍
各位好，我给大家做一下自我介绍。我是上海科技大学毕业的博士，学计算机专业。我的爱好是阅读，特别擅长编程。	各位好，我做个自我介绍。朋友们都说我是拥有“三长”的人。第一，学习时间长：我在上海科技大学学习计算机专业，从本科读到博士，花了 8 年时间。第二，阅读时间长：我喜欢博览群书，从小学到现在，坚持 20 多年了。第三，写代码时间长：我擅长编程，从高中到大学没停过，从 BBS（电子公告板）到机器人编程，我都熟练掌握。

- 三个要点 -

无论你有多少个观点，请注意，只挑最重要的三点来说明。

社会心理学家说过，多于三个观点的话，成人需要特别记忆才可以记住，而三个观点对成人来说会更习惯理解和记忆。表达三个观点是有节制的表达，也是抓重点的表达，更是高效的表达。如果你还要将每一个要点拆分，也不能多过三个。

这样坚持下去，你会发现自己的总结能力越来越强，沟通效率也越来越高。

- 主次分明 -

在讲述三个观点的时候，不能随便乱讲，有四种逻辑顺序，分别是：时间（步骤）顺序，如第一、第二、第三；结构（空间）顺序，如北京、天津、石家庄；程度（重要性）顺序，如最重要、次重要等；演绎顺序，大前提、小前提、结论等。

例如按程度（重要性）顺序表达：

今天讲安全的重要性。安全是生命之本，安全是头等财富！我分两点来讲：最重要的是生命安全，没有生命就没有一切，不要去危险的地方；次重要的是财产安全，要注意防盗、防骗。大家记住了吗？

随堂作业

鲜明的观点让听者印象深刻，独到的观点让听者欲罢不能——就算对方不同意，也不能轻易否定或忽视，而要认真对待和思考。

一个说话有思想的人，本身就带着迷人的吸引力。所以，如果我们能够在表达观点的时候用上这些语言技巧，那么就会使我们的观点陈述更加有趣，更加生动，更加具有说服力，也会让你在人群中显得更加有魅力。

这节课的作业是，练习黄金三论点，运用文中列出的四种逻辑，并且试试看还有没有其他的逻辑顺序来证明自己的观点。

如果可以熟练掌握这个方法，那么你在生活中的表达会更严谨，更有魅力。

PART 7

沟通读心术

一个人必须知道该说什么，一个人必须知道什么时候说，
一个人必须知道对谁说，一个人必须知道怎么说。

- 彼得·德鲁克 -

沟通能力是一种既要留心他人又要考虑自己的平衡能力，所以要在沟通中时刻关注对方的反应，来调整自己的沟通内容。北京人说的“有眼力见”，也是这个意思，就是在沟通中善于了解对方的需求，见机行事。

我有一个学生叫王海蓉，是一名珠宝设计师。她说有一次她遇到了一个很特殊的顾客，是一位男士，她问这位男士需要她做什么。这位男士说，他想买一枚胸针。然后海蓉就把自己设计的所有胸针都拿了出来，请他挑选。但是这位男士对这些胸针都不是很满意，海蓉看他很认真的样子，感觉这枚胸针一定很重要，就说，要不然帮他定制一枚。这位男士就给她讲了自己和爱人的爱情故事，这枚胸针就是为他的爱人定制的。

于是，海蓉又根据这位男士的叙述来解读：“所以这枚胸针要象征你们的爱情，对吗？”男士说：“对。”“您的爱人对您一直不弃不离，帮助您走出了困境，对吗？”男士回答：“是的，没有她，我根本不可能走出上一段悲伤的感情。”

于是海蓉根据自己的理解，设计了一款花卉胸针，参考了故事中的一个细节，就是他们相爱之初，曾经在一棵白玉兰树下倾诉衷肠，这枚胸针用了白玉兰的元素，非常美丽，又有寓意。

这位男士收到胸针的设计图大喜过望，说自己非常满意。而这位男士将制作好的胸针送给他爱人之后，对方也十分喜欢。后来，他们每年的纪念日都会到王海蓉的工作室定制一枚胸针。

后来又有一位男士到他们的工作室去看胸针，海蓉的助手就问是不是要送给他的太太或者女朋友。对方不置可否，就说先看看。助手又把工作室制作好的胸针都拿出来给这位男士，而且还一再问对方的女朋友或者太太是什么职业，平时会不会佩戴胸针。这个时候，王海蓉回来了，她注意到这位男士对胸针所采用的宝石材质很在意，于是她从后面的保险箱里取出几枚最贵重的胸针。

果然，这位男士突然非常感兴趣起来，拿着一枚有一大颗祖母绿的胸针反复询问。原来，他是想收藏一些珠宝，来做资产的保值配置。所以，胸针的样式还有给谁戴，对他来说没有宝石的质地和升值的可能性重要。

所以，在沟通中读懂人心是如此重要，它会让你在沟通中不知不觉理解对方的需求，并且让你的工作完成得更加完美。

让别人觉得“你真了解我”

我们说的读心术，与FBI（美国联邦调查局）的读心术、微表情学是不一样的。他们或许是根据人的行为、面部表情进行心理分析，判断一个人的真实想法，而我们的沟通读心术是在事先没有做准备的情况下，读取对方的心理并预言未来。主要目的是教会大家通过策略性的沟通技巧，瞬间赢得对方的信任。

我们先来看一个案例：

没有用沟通读心术	用沟通读心术
甲：这周末我们约会吧。 乙：不好意思，周末没有空。 甲：再没空也要吃饭啊，一起吃晚饭可以吧？ 乙：不好意思，真的没空啊。 甲：那能告诉我哪天有空吗？ 乙：不知道。	甲：明天周末了，我们一起吃饭还是喝咖啡？ 乙：不好意思，没有空啊。 甲：那就喝杯咖啡吧。 乙：喝杯咖啡倒也行。 甲：那就这么定了。

为什么反面案例会失败，而正面案例会成功呢？我先卖个关子，关于沟通读心术的方法我在后面会详解给大家。

所谓的沟通读心术，实际是利用心理学的巴纳姆效应，取得和对方的共鸣，让对方感觉到自己被理解和认可，从而快速建立起对彼此的信任和舒适感。

巴纳姆效应指的是，人们常常认为一种笼统的、一般性的人格描述十分准确地揭示了自己的特点。

例如这组对话：

> 女：虽然你表面看起来好像很花心，（停顿下）但我知道你不是那样的人，你其实对感情挺认真的，只是没遇见自己真正喜欢的人。
>
> 男：我觉得你是一个很愿意付出的女生，但好像很多男生并不理解你，其实你很需要一个真正爱你的人。

如果有人这么说你，你是不是觉得：哇，说得真对，没错，我就是这样的人？实际上“虽然看起来好像很花心，其实对感情挺认真的”以及“一个很愿意付出的女生，但好像很多男生并不理解你，其实你很需要一个真正爱你的人”这样的描述是非常笼统的，这样含糊的描述为什么会让人觉得与自己相符?

是因为每个人最喜欢和最关心的是自己，当你说出的话趋向于对方希望得到的结果，他就会在潜意识里选择去相信。

错误沟通读心术方式

关于沟通读心术，常有一种错误的行为：猜测。

猜测是没有任何证据，不做任何研究，只用自己的想法去猜一些事情，是没有根据的，往往会判断错误。

例如：

猜测	沟通
甲：呀，呀，怎么回事，你受伤了? 乙：是啊。 甲：你被人打了？说，谁干的。 乙：不是，是我不小心弄伤的。 甲：不要怕，说出来，我一定会帮助你。 乙：你……我懒得理你!	甲：呀，你受伤了？严重吗? 乙：还好，还好。 甲：我都感觉到疼了，能告诉我发生了什么吗? 甲：今天早上不小心摔了。谢谢你的关心。

以上两种表达都表示了对受伤者的关心，为什么第一种

情景让人厌烦，因为甲是猜测的，让人觉得他有一种幸灾乐祸的意味，会引起对方不满。为什么第二种对话让人舒服？因为甲在询问，并描述自己的感受，让人感觉到有诚意的关心，暗示让对方说出答案。

沟通读心术模型：ODCR 思维图

- 沟通读心术的目的：建立信任关系 -

沟通读心术的目的是建立信任关系。信任是健全人际关系的基石。若是缺乏互信，无论在家里、工作场合，还是朋友之间，都很难会有美好的互动。沟通读心术在咨询中尤为重要，通过沟通读心术，可以了解别人内心的真实想法，迅速建立彼此的信任关系。

不信任的沟通	信任的沟通
甲：你什么时候把报表给我呢？ 乙：啊？我一直在等你给我呢！ 甲：开什么玩笑，这本来是你的任务呀！ 乙：不是啊，是你的任务，你忘了吗？我们早就说好了！	甲：你什么时候把报表给我呢？ 乙：啊？我一直在等你给我呢！ 甲：难道是我记错了？麻烦你说说情况。 乙：我们上次说好了，这次报表你来做。估计你太忙忘记了，我可以理解。 甲：谢谢啊，那我赶紧做完。 乙：我们一起做吧，这样更快。

-沟通读心术的需求：获得认可-

现代人都特别希望别人“了解我”“信任我”“接纳我”，本质上是为了获得认可。使用沟通读心术，就是基于这个需求。

普通沟通	获得认同感的沟通
甲：你最近怎么啦？ 乙：干吗？ 甲：你现在对人很冷淡啊。 乙：那又怎样？ 甲：以前你很温柔的。 乙：这跟你有关系吗？	甲：你最近给人感觉有点冷淡。 乙：那又怎样？ 甲：你现在看起来好像有点冷淡，上次我看到你和你男朋友在一起的时候，特别温柔。你对家人也温柔吧？ 乙：当然，是呀，对喜欢的人，我都是全心全意的。 甲：果然不出所料啊！爱可融化一切。 乙：对不起啦，刚才忽略你了。

你瞧，当你先认同对方的时候，对方也会给你积极的回应，是不是信任感就建立起来了？如果采取抱怨、指责的方式，沟通是不会成功的。

- 沟通读心术的核心：打开别人的心扉 -

由于每个人都有防备之心，通过沟通读心术能让人打开心扉。

普通沟通	打开心扉的沟通
甲：你好，你是王阿姨介绍的小惠吗？ 乙：是的，你是小钟吧。 甲：哇，你给我的感觉是一个感性的人，特别有魅力。 乙：咳咳，你说话都这么直接吗？ 甲：真的，你浑身都散发出感性的魅力。 乙：是吗？（心想：刻意奉承的骗子。）	甲：你好，你是王阿姨介绍的小惠吗？ 乙：是的，你是小钟吧。 （聊天情景） 甲：小惠，你给我的感觉是不太能对人敞开心扉，这是很可惜的啊！其实你感情丰富而且很能逗人开心，是个极有魅力的人，只是还没有全部展现出来。 乙：谢谢啊。你这么说我很开心，感觉说到我心坎里了。

沟通读心术的高明之处，就是自然地表达。如果你开门见山地赞美对方："你是个充满感情的人，而且有使人开心的魅力。"对方应该会立刻提高警觉，认为你是个会说甜言蜜语的骗子，怎么会向你敞开心扉呢？

- 沟通读心术的结果：建立良好的人际关系 -

具有信任基础的人际关系是一种资源。“人际关系”一直以来都被奉为重要的财富，能够在关键时间、关键地点发挥意想不到的作用。

沟通读心五法

- 封锁否定法 -

公式：封锁 + 疑问句 + 引导真实目的

封锁就是你提的疑问句，不会被对方否定。这个技巧的重点在于使用“不被否定的疑问句”，不论有没有猜中对方的真实状况，都可以顺着对方的话说下去。

疑问句没锁住：中午我想吃面条，你想吃什么？——很容易被否定。

疑问句锁住：好久没吃面条了，你会不会想念它的味道？——被否定的概率小。

要锁住疑问句，你的话最好与沟通对象的利益相关，这样被对方否定的概率就小很多。

引导真实目的，就是在对方不会否定你的情况下，提出你的真实要求。

甲：好久没吃面条了，你会不会想念它的味道？

乙：想。

甲：我也想，那我们中午吃重庆小面吧？

乙：好啊。

甲：吃面很快，我们起码有 40 分钟的自由时间，要不你陪我去逛下商场，买新款衣服？

乙：我看行。

通过以下案例，我们知道员工看似废话连篇地提问题，实际上是让老板不要否定他，在不断深入交流的过程中，引导出自己想要表达的重点。当然，老板未必马上答应他加薪，但多半会说，要考虑一下。但他沟通的目的达到了：他暗示老板自己应该加薪了。

普通沟通	封锁否定沟通
员工：老板，我想加薪。 老板：加薪？不行！现在公司不景气，你还要加薪啊？能保住这份工作就不错了。 员工：老板，我错了。	员工：老板，你会不会觉得公司的许多员工有点没激情？（第一次诱导对方说“是”。这个问题几乎每个公司都有，老板说“否”的概率很小。） 老板：是啊，我偶尔会这么觉得。 员工：我有一个好的建议，它是我深思熟虑的结果，可帮助解决这个问题，你愿意听听吗？（第二次诱导对方说“是”。无非是听听，老板不会立刻拒绝。在描述这个方案的过程中，多提一些公司实际情况让老板认同，最后问老板）进公司这么久了，我想知道你对我的评价。 老板：踏实，能干，并经常为公司出谋划策，不错！（无论老板是否真心喜欢你，他当面说你坏话的概率都非常低。） 员工：谢谢老板的肯定，最近我在生活方面碰到一些困难，想加点工资，希望老板批准。

- 双重束缚法 -

这个方法的重点是不让对方有机会说“不”。

有人拜托你帮忙时，你第一件要考虑的事情是什么？帮还是不帮，对不对？如果要帮的话，你就会进一步听对方解释详情；如果不帮，你就会想要用什么理由拒绝。比如接到推销电话，大概很少人会想弄清楚对方到底是卖什么的？通常是连听都不想听，一接到就只想赶快拒绝。如果对方的脑中已经决定说“不”了，再让他回心转意就很困难，即使再怎么努力应对对方的理由，都没有用。

避免马上被否定的方式就是让对方二选一，对方会选择有利于自己的一个选项。这就是双重束缚。

比如本课开头的约会案例，第一个被无情拒绝，就是锁不住否定回答。因此，封锁最初的“不”非常重要。怎样才能封锁“不”呢？很简单，就是使用无法回答“不”的说法。第二个给对方两种选择：明天周末了，我们一起吃饭还是喝咖啡？这句话就很难让对方回答“不”，因为这样就有点答非所问了。对方头脑里已经在思考哪种对他更有利，例如“算了，就陪他喝咖啡吧，十几分钟就完事了”。

再举一个案例：

普通沟通	双重束缚
甲：来了，老弟。 乙：嗯，来了。给我们上啤酒。 甲：要几瓶呢？ 乙：5 瓶吧，一人一瓶。 甲：好。（内心想，喝那么少）	甲：来了，老弟。 乙：嗯，来了。给我们上啤酒。 甲：兄弟，先给你们上一箱还是两箱？ 乙：一箱吧。喝不完再退。 甲：好的！

聪明的老板如果采取双重束缚的方式沟通，产品的销量

肯定会大增。

- 故意搞错法 -

这个技巧是在对话时故意说错事实，让对方来订正，借此套出对方的信息或真正的心意。

明知道不对，但还是要把错误的说出来，最佳方式是提问或猜测，对方会纠正你的错误。多次搞错、纠正之后，就达到了自己的沟通目的。

其实这样的方式我们在日常生活中会用到。例如我们去拜访朋友，不敢肯定他住几号房，又不好意思问朋友，就问街坊邻居："小张是住 306 吧？"知道正确答案的人会马上纠正你："不是，他住 309。"

在下面的案例里，通过一连串错误的猜测及提问，可以在不提出"请问你住哪儿"这类直接问题的情况下，让对方基于想订正错误的心理，毫无戒心地主动透露出真实信息。

普通沟通	故意搞错
甲：黄老师住哪里呀？ 黄：就在这附近。 甲：住哪栋楼呀？ 黄：就里面一点。 甲：听说尊夫人很会做饭？ 黄：哪里，哪里。我得赶紧回家。下次有机会邀你去我家坐坐。 甲：哦。（失望）	甲：黄老师你好像就住在这附近吧？是A栋？ 黄：不对呀，是C栋。 甲：最近才搬过来呀？ 黄：住了一段时间了，差不多一年了。 甲：听说南方男人都很会做饭。 黄：没有啊，基本都是女人做呢。要不你上我家坐坐？吃个饭？ 甲：方便吗？（已经行动）

- 同调法 -

有一个慢慢打开对方心扉的办法，叫作使用“同调”（homologue）语言，也就是在谈话中尽量模仿对方所用的特殊字句。

公式：抓取对方关键词 + 模仿对方关键词

抓取对方关键词就是把对方言语中，你觉得是关键的词语记住。

模仿对方关键词就是在你接下来的对话中，刻意模仿使用这个关键词。

举个例子：

普通沟通	同调法
甲：新工作找到了，我要加油干，挑战自己，做出更好的业绩！ 乙：嗯，不错。 甲：你都不鼓励我一下。 乙：你会成功的 甲：太假了。	甲：新工作找到了，我要加油干，挑战自己，做出更好的业绩！ 乙：哇，不错！为了给你加油，今天中午我要挑战一下，为你做一顿丰盛的午饭。 甲：谢谢你！ 乙：晚上我也要挑战一下，亲自去把垃圾倒了，为我加油！ 甲：哈哈，你真逗。

在这个对话里，加油和挑战是关键词，只要你重复一次，对方对你的好感度就增加一点。

好感累积，对方的心情就会越来越好，对你也越来越信任。各位谈恋爱的朋友，请多用用吧。

- 巧妙质问法 -

巧妙质问法是沟通读心术的基本技巧之一。若无其事地从对方口中套出信息就是它的核心技巧。

公式：开启模糊主题（暗示）+ 对方选择核心主题

模糊主题就是开启一个比较宽泛选择的主题，这具有强烈的暗示性。在你的指引下，对方会选择正确答案。

例如：

普通沟通	巧妙质问
甲：你情绪不好啊，怎么回事？ 乙：没怎么。 甲：是不是工作出了问题？还是亲子问题？难道是夫妻问题？ 乙：你一天到晚都在想什么？管好你自己。 甲：我不就想关心你嘛。	甲：你现在正在为人际关系而烦恼吗？ 乙：人际关系？ 甲：职场问题啦，亲子问题啦，夫妻关系啦…… 乙：没错，夫妻关系是有点问题…… 甲：怪不得情绪不佳，愿意分享一下吗？ 乙：是这么回事……

无论是在恋爱中还是在事业上，顺利沟通的第一步都是让对方对你打开心扉。为此，最重要的是要先开放自己的心

胸。不过，开门见山地告诉对方“我已经对你敞开心扉了”，是没有效果的，必须通过暗示传达给对方的潜意识才行。

随堂作业

所谓的沟通读心术，实际是一种高情商的沟通技巧，本质是尊重对方、了解对方、认可对方，方法是通过一些启发性、询问性、暗示性的沟通技巧来让人产生信任。只要你掌握好方法，不论在恋爱上还是事业上，都能走出顺利沟通的第一步，让对方向你打开心扉。然后好好经营这种信任关系，你会收获满满。

这节课的作业是，接下来的几天，试着用一下“故意弄错法”和“同调法”来和别人聊天，测试一下效果。

PART 8

适度妥协战略，化解沟通矛盾的黄金法则

推心置腹的谈话就是心灵的展示。

- 苏联作家　温·卡维林 -

说服他人，而不被他人说服，其实是一件非常不容易的事情。这不仅仅需要口才，更需要适当的妥协。

我有一些律师朋友，有一次他们申请来和我学习沟通。我十分奇怪，为什么一向以口才好、思路清晰、逻辑强大著称的律师也需要学习演讲。他们说，其实现在每个律所都有竞标的情况，也就是说，对一些大的项目，几个律师事务所需要一起竞争夺标。这个时候，口才好、思路清晰、逻辑性强就不够了。我问他们，怎么会不够呢？律师朋友说，因为我们习惯了比较强势地说话，或者说，说话的逻辑太清晰，总是像在辩论，或者在指出对方不准确的地方。

我终于明白了他的意思，在几家律所竞争一个大项目的时候，大家都咄咄逼人，都习惯了以在法庭上辩护的方式说话，却不容易让对方和客户接受。甚至，当客户提出疑问或者不能完全理解的地方，律师们解释这些疑问，想说服对方的时候，也依然是一副“我是对的”的样子，并不为客户所喜。

并不是每一次沟通都应该是一场辩论，每一次矛盾或者竞争都应该是一场势在必得的竞赛。往往那个让客户喜欢并且信任的人，更容易获得合作机会。

一部热播电视剧《精英律师》中，靳东饰演的罗槟律师就是出了名的喜欢撑人，嘴皮子非常厉害，比较毒舌。但是，他在生活中却不善于处理误会和与别人相处。

所以，一个强势和口才特别好的人，不一定可以成为一次竞标中的赢家，或者一段关系中的赢家。

相反，不那么强势，甚至在适当的情况示弱乃至妥协，可以达到更好的沟通效果，达成自己的目的，并且取得别人的信任。

沟通不懂妥协，矛盾只会越演越烈

与人交往沟通，难免会因为意见不合、理念不同、标准不一而起冲突。例如在一个家庭里面，夫妻因为琐事沟通不当吵架，一家公司内部不同部门因为工作问题争辩，公司与公司之间谈判时为争取各自利益而对抗，等等。如果这时候没有一方退让或妥协，结果是什么？彼此对立，矛盾越演越烈。

沟通冲突，总体有四大表现。

第一，道德批判。用自己的标准（价值观、信念等）来衡量、要求别人，将责任归咎于对方。

甲：你为什么那么懒惰？

乙：我哪里懒惰了？我天天勤奋工作，努力赚钱养家。

甲：家里的活就不用干吗？难道女人天生就应该干家务吗？难道男人不应该分担家务吗？好丈夫是体贴妻子，分担家务的人，懂吗？

乙：有什么家务要我干，你直接说嘛，干吗生气。

甲：你自己不长眼睛吗？你是三岁小孩吗？要我给你安排？什么事情都是我安排，我是你娘吗？

乙：你是来挑事吵架的吗？（拍桌子）

在这个例子里，妻子的标准就是男人要自觉做家务，一旦男人没做到这点就开始指责。这样上纲上线，扩大矛盾，谁受得了呢？

第二，进行比较。把两个不相干的人或两件不相干的事进行对比，实际会蒙蔽真相。

甲：这次考试怎么又没考好？你都高二了，说，到底是怎么回事？

乙：这一次的题目有点难。

甲：难？那为什么你同学小方考得那么好？不认真就是不认真。

乙：没有，真的没有。

甲：说真的，你哪点能和小方比？人家学习成绩优异，年年考前三名，钢琴过十级，绘画比赛全市第一名，还非常勤劳，帮父母干活。你呢，回家啥事都不干，饭来张口，衣来伸手，没有特长，也没有成绩。我们怎么生出你这样没出息的孩子！

乙：那你让小方做你孩子好了！（进房间）

第三，逃避责任。这是指在沟通中不断表达对责任的逃避，如“我不得不……”，“是你让我……”。

领导：你们说说，这次项目进展这么不顺利，到底是什么原因?

运营人员：我不得不提几句，这次产品部门在设计上难以达到用户要求，以致用户不愿意买单。

产品人员：简直是笑话，我们做过用户测试，已经得到很大程度的认可了，你凭什么指责我们，这明明是技术部门没做好。

技术人员：什么？是你们部门提出的要求，让我这样做那样做，我做到了，怎么成了背锅侠了？运营只会推卸责任。

（吵成一团）

第四，强人所难。这是指总是采取强制要求和命令别人的方式进行沟通。

甲：这次业绩太烂了，你有什么好解释的。

乙：市场现在整体冷清，我们团队几乎竭尽全力去干了。

甲：你好意思说你竭尽全力？我不管，下个月必须达标，否则你自己看着办！

乙：领导，市场大环境不行，恐怕……

甲：不要找借口，这是死命令，必须完成。完不成就走人！

乙：那我现在就走！

以上四种冲突都很难让人获得一个好的沟通结果。想想沟通的目的，显然我们不是为了冲突而沟通的，如果沟通起了冲突，又想获得好的沟通结果，应该怎么办？这就是本节课要讲的方法：适度妥协和退让。妥协策略就是以退为进，以失为得。不要争一时的得失，最终达成共识才是我们沟通的目的。所谓退一步海阔天空，忍一时风平浪静。当我们与他人发生矛盾时，大气大量地退让一步，不是懦弱，反而是一种智慧的体现。

有人又会问了：我只要退让就可以了吗？为什么有时候我明明已经让步了，对方反倒得寸进尺呢？也许是你让步的方式错误了。

错误的退让方式

妥协也有可能导致失掉一部分非常重要的东西。比如为了节省钱和时间做出妥协让步，可能会失去质量。有的时候，我们为了在这事情上达成合作，可能会失去一部分控制权，让主动权掌握在对方的手里。所以，妥协其实还会带来一些不是那么完美的结果。

– 委曲求全，效果甚微 –

在冲突中，很常见的一种情况是，我做出让步，但是对方没有让步，这样其实我就失败了。这看上去是让步，实际上是让自己受委屈了，并没有达到沟通的效果。

我们回到前面夫妻吵架的案例，这一次丈夫妥协了：

甲：你太懒了，真是懒惰中的极品。

乙：不是吧？我天天勤奋工作，努力赚钱养家。

甲：家里的活就不用干吗？难道我来你家就是做牛做马干家务的？好丈夫是体贴妻子，分担家务的人，懂吗？

乙：别生气，有什么活你马上告诉我，我马上干。

甲：你自己不会看啊。什么事情都要我安排，我是你娘吗？

乙：妈，你现在就安排我干活吧。

甲：你真是烂泥扶不上墙，你说像你这样的男人有什么用啊？

乙：对对对，我是烂泥。只要你不生气，我是什么都可以。

丈夫为了让妻子不生气，只顾委曲求全，任由妻子给自己戴各种帽子。但实际上呢？妻子并没有原谅丈夫，下次出现类似情况的时候，她只会变本加厉。这不是妥协式的沟通，而是愚昧的回避。

- 一味妥协，没有底线 -

没有底线，一味退让和妥协，最终会骄纵对方，导致对方根本就不知道你是在让步，反倒觉得自己应该进一步提要求，不能吃亏。

甲：张总，这份合同我看了，我不是很满意。合作的目的是双赢，你出这样的价格，兄弟我很难办啊，也没办法跟董事会交代。

乙：刘总，我们是带着诚意来的，达成合作才是我们的目的。你有哪些不满意，提出来，我们再商量。

甲：价格不满意，服务不满意。（叽叽歪歪一通）总之，这些地方都要调整。

乙：好，好，调整，调整。

丙：（偷偷对乙说）张总，这样的合同签下来，我们会亏本的。

乙：促成合作才重要啊。张总他们是世界 500 强公司，会为我们带来很好的品牌效应。

丙：但这会让全公司白干一年啊，这……

乙：不要说了。（对甲）就按照刘总的意思来。我们是带着诚意来的。

甲：哟，张兄，你这么说我感觉你赚了不少啊。价格估计还要再压一压啊。

乙、丙：啊？

没有底线地退让只会让对方得寸进尺。应该要让对方感觉到自己还是有底线的，别因为不合理的退让让自己一无所获。

正确的妥协和退让让你的沟通更加完美，但是错误的忍让和委曲求全，不能让你得到想要的效果，因此妥协也要在合理范围内进行。

妥协总模型：ODCR 思维图

- 妥协的目的：寻找共同点 -

其实沟通的目的是在协商中寻找共同点，找到双方都能接受的方法。各退一步，却每个人都不觉得吃亏，达成共赢合作。

我们还是以夫妻吵架案例来分析。

甲：你为什么那么懒惰？

乙：不会呀，老婆，我天天勤奋工作，努力赚钱养家呀。

甲：家里的活就不用干吗？难道女人天生就应该干家务吗？好丈夫是体贴妻子，分担家务的人，懂吗？

乙：有家务就叫我呀。别生气，会影响你的美貌。

甲：你自己不长眼睛吗？什么事情都要我安排，我是你娘吗？

乙：反正我肯定如尊重娘一般尊重你。没注意到家务是我的错，该骂。你看，你肯定不是为了跟我吵架来的吧？干家务我的确不在行，但一旦你下达命令，我就全力以赴，好不？

甲：你工作累，我也很累啊。

乙：对对对，你最累，忙里忙外，我呢，眼力不好，没看到老婆大人拖着疲惫的身躯为这个家付出。为了我们共同的美好和睦的家庭，我们不要生气好不，我们化干戈为玉帛，你就驱使我吧！我的女王。

甲：嘴贫。来，把地板拖了。

乙：好的。

这位老公的情商就比较高。他首先退让，承认自己的错误，然后在退让过程中，不断提醒妻子我们共同的目标是“家庭和睦”，吵架解决不了问题。最后妻子也意识到这一点，语气软了下来。

– 妥协的需求：让对方先满足一点 –

在沟通冲突中，人人都不喜欢输，都想做赢的一方。由于每个人的经历、思想、立场都是不同的，有的人会采取激进的态度来激发冲突。真正高明的人会采取迁就和妥协来回避冲突，妥协的需求是先让对方获得心理上的满足。这就好比俗语说的：先给你一颗糖，再给你一巴掌。

这是什么意思呢？让对方获得一点心理满足，放下戒备心，然后再回到现实中来（沟通冲突犹如巴掌），由于对方已经觉得自己尝到了甜头，就不会如最初那么剑拔弩张和咄咄逼人了。

给一颗糖就是你的让步，这颗糖并不会损害自己真正的核心利益，但可以短暂满足对方的需求，因为人的最终需求是被重视、被尊重、被看见和有存在感。

下面一个合伙人之间的沟通案例。正面例子中，甲先给乙一颗糖，就是称赞他的管理理念是先进的，记住是称赞，并不是认同；再发一颗糖，说本来应该支持他，对方就放下了戒备，因为他心里面舒服了些。这时候话锋一转，要给巴掌了：你一个人能搞定厨房和服务吗？几百个顾客，你能搞定吗？显然不行。然后寻找共同点：赚钱。厨师做好产品，不浪费食材，为我们赚钱；服务员服务好顾客，带来好口碑，也会赚钱。

没有妥协	先给颗糖的妥协
甲：我们合伙开了这家餐厅，你的能力我是认同的，但你管理员工的方式太强硬了。我了解到，有的厨师故意把菜做错，浪费食材，还有服务员给顾客脸色看。 乙：我不同意。我们开店的目的是赚钱，而不是做慈善。对于员工，我们不能对待他们如家人，双方是雇佣关系。这种关系就意味着他付出，我给他回报。这有什么不好？当然要开除那些不守规矩的人！ 甲：但人心是肉长的吧？这世界上除了金钱还讲感情吧？他们不光是我们的雇员，准确地说是我们的合作者。我们怎么能像对待仇人一样对待他们呢？柔和一点不行吗？开除？开除完了你一个人干吗？ 乙：不行。世界本来就残酷。对他们柔和，我们店就完蛋了。一天几百个顾客，我怎么干？不能因此妥协。坚决不行！ 甲：不行？道不同不相为谋，那就散伙吧。	甲：我们合伙开餐厅，你在业务方面的能力真的太强了。不过员工对你的管理有点不满，认为你太强硬了。 乙：强硬？我们又不是做慈善，说白一点，我们和员工就是雇佣关系而已。 甲：（给糖）对，你这套理念算是走在世界前沿了，好多国际大公司都是这样只认制度不认人。 乙：就是嘛。我们给他钱，买的就是他的劳动嘛。 甲：（继续给糖）你说得有道理，作为合伙人我本应该无条件支持你。但是，我们中国是一个人情社会，就像你招呼来的顾客，很多时候是看你的面子来的，而并不全是因为我们的菜品吸引他们，对吧？你一个人能又做厨师又做服务员吗？（给巴掌）一天几百个客人，你一个人能服务好吗？ 乙：（沉默） 甲：如果我们对员工好一点，厨师开心做菜，为我们提供好产品，又不浪费食材。服务员开心服务，就会为我们的餐厅增加好感度，回头客就多，我们才能赚钱，对吧？他们不光是我们的雇员，还是我们的合伙人啊。对他们好一点，他们也会回报我们更多的。 乙：你这么分析，很合理。我马上调整。

- 妥协的核心 -

当我们面对冲突的时候，核心是让对方心态平稳，能够理性地处理问题，一旦对方被激怒，那么你们就不可能沟通。如果对方持续发怒，你们就没办法做出正确的判断，甚至找到一个共同点。

- 妥协的结果 -

那么妥协的结果是什么？皆大欢喜。我虽然输了一部分，但是在总体上赢了。对方虽然也失去了一些，但是有所收获，他也很开心。

我们通过妥协在谈判中给对方一些心理上的满足，让双方联合起来做事情，是沟通的高境界。

化解沟通冲突要点：底线原则

沟通中的妥协与退让，也不是无原则的，而是有底线的。在沟通之前，需要明确自己的底线是什么，能够接受的最低条件是什么。否则，再好的沟通技巧都会失去效果。

比如，我之前的同事小张特别擅长修电脑：

甲：小张，我电脑坏了，帮我修一下。

张（忙工作）：好，马上就来。

乙：小张，快点，我电脑死机了。

张（忙工作）：呃，好，就来。

丙：小张，我电脑硬盘有问题，给我看看。

张：不好意思，我这会儿实在太忙了，等一下可以吗？

丙：我很急啊，你怎么这样啊！

（换场景）

丙：小张真没意思，一点小忙都不肯帮。

乙：就是，摆什么架子。

甲：听说他有一次帮同事修电脑，居然还要收钱。

丙：那这算不算借公司资源谋私利呢？

后来小张莫名其妙被领导叫去骂了一顿，他才知道同事打小报告说他谋私利。我告诉他，你应该为自己设置一个底线：上班时间没有办法替任何人修电脑，因为这是额外的工作，私人时间可以再商量。

小张就按照我的意思去做了。后来，同事们也意识到，自己求人帮忙不是“理所当然”的，一旦小张再为他们服务，他们都加倍感激。

就像我们前文列举的案例：如果丈夫设置的底线是“家庭和睦，不吵架”，父亲设置的底线是“不要把自己孩子与优秀孩子比较”，公司项目会上，大家的底线是“找出问题，不要推卸责任”，上级跟下级沟通，上级的底线是“不问责，找出问题”，那么冲突再大，在触碰底线前妥协和退让，都会得到缓解。

底线，是沟通的生命线。

高情商化解矛盾公式

怎么化解我们在沟通场合里所碰到的矛盾呢？有两个沟通公式，遇见沟通冲突可灵活使用。

基于事实妥协

公式：事实 + 感受 + 退让 + 需求（底线）

这个公式主要用于化解生活中的沟通冲突。我们先看对比案例：

错误妥协	基于事实妥协
甲：我们这样吵架有意思吗？我们不是要和睦相处，做守护彼此的天使吗？ 乙：谁叫你远离我的？你最近对我很冷淡，是不是不爱我？ 甲：怎么会，我一直很爱你。 乙：我们多久没打电话了？你这样故意疏远我，让我觉得你打算和我分手了。 甲：我真的很忙啊。 乙：好吧，既然你这么忙，我也不应该去打扰你。是不是？ 甲：你就不能成熟点？ 乙：我是女孩子，需要你多让着，陪伴我，我有错吗？	甲：我们这样吵架有意思吗？我们不是要和睦相处，做守护彼此的天使吗？ 乙：你这个月只打了两次电话给我。我感到很孤单，还很害怕。 甲：对不起，我实在太忙了。 乙：我知道你忙工作，没日没夜，很辛苦，肯定忘记打电话了。我呢，也该成熟一点。但我太想你了，我希望每周都能听见你的声音，一个月通话四次，可以吗？ 甲：宝贝，没问题，千错万错都是我的错，让你受委屈了。这周末，我就过来陪你！

我们用沟通公式分解一下上面的例子。

事实：讲出引发沟通冲突的原因，注意不要带主观情绪去评论，而是基于事实描述。不要说“你最近对我很冷淡，是不是不爱我？”这就是带情绪的评论。正确的说法是“你这个月只打了两次电话给我”。

感受：基于自己描述的事实，说出自己真实的感受。注意，不要说自己的臆测。例如，“你这样故意疏远我，让我觉得你打算和我分手了”，这是臆测。正确的说法应该是“我感到很孤单，还很害怕”。

退让：这个时候的退让就是基于理解对方的行为做的一点让步，给对方一个缓冲空间。记住一点，不要委屈自己，不要一味退让。错误的退让是“好吧，既然你这么忙，我也不应该去打扰你”。正确的退让是“我知道你忙工作，没日没夜，很辛苦，肯定忘记打电话了。我呢，也该成熟一点”。

需求：在退让时提出自己的需求，这个需求也许是自己的底线，也许不是，但这个需求一定是清晰而具体的。错误的表达是：“我是女孩子，需要你多让着，陪伴我，我有错吗？”正确的需求表达是：“我太想你了，我希望每一周都能听见你的声音，一个月通话四次，可以吗？”

基于利益妥协

公式：共同利益 + 感受 + 退让 + 请求

这个公式主要用于化解职场中的沟通冲突。我们先看对比案例：

没有妥协	带着共同利益的妥协
甲：反正这件事情关系到两家公司的利益，谁放弃都会有巨大损失。 乙：我们也赞同这一点。 甲：你知道吗？我现在难受的是，我们都不肯让步，太偏离共赢的目标了，这样合作有什么意思？ 乙：我们还是要达成目标的，只是现在还有分歧。 甲：为了彼此合作成功，我们公司再让出 5% 的利益，你看可以吗？ 乙：我感觉还要再多一点。 甲：再多一点，我们就血亏了！反正我刚才已经做了让步，如果再不行，我也没办法了。 乙：那就再说吧。	甲：你看，我们双方是为了共同完成 10 亿元的项目而坐在这里，大家都是为了这个目标而来的。 乙：我们也赞同这一点。 甲：我们的分歧让我现在很难过，没达成协议让我很失望。 乙：我们也表示难过。 甲：目前的价格空间基本到极限了，我们最多能让一个百分点出来，再无法达成协议，我们就先休息一下，然后再约时间吧。 乙：谢谢，我们自己再商量一下答复你。 甲：我想请教一下，我刚才的建议是不是可行？如果不可行，你觉得哪些地方是我们合作的障碍呢？ 乙：啊，其实问题不大，我们就一些细节再聊一下。

共同利益：首先抛出彼此认可的共同利益，让对方从冲突中回到正轨。这是在沟通之前要明确的，是双方沟通的基础。提及利益不要带着情绪并进行主观描述，描述的利益要

具体。

错误的描述：反正这件事情关系到两家公司的利益，谁放弃都会有巨大损失。

正确的描述：你看，我们双方是为了共同完成10亿元的项目而坐在这里，大家都是为了这个目标而来的。

感受：基于自己描述的利益，说出自己真实的感受。注意，一样不要带有主观臆测的感受。

错误的描述：我现在难受的是我们都不肯让步，太偏离共赢的目标了，这样合作有什么意思？

正确的描述：我们的分歧让我现在很难过，没达成协议让我很失望。

退让：这个时候的退让就是基于理解对方的行为做的一点让步，给对方一个缓冲空间。记住自己列出的底线，并尽量让妥协模糊一些。

错误的描述：为了彼此合作成功，我们公司再让出5% 的利益，你看可以吗？

正确的描述：目前的价格空间基本到极限了，我们最多能让一个百分点出来，再无法达成协议，我们就先休息一下，然后再约时间吧。

请求：提出具体的而不是抽象的请求；提出需要做什么，而不是不要做什么。

错误的描述：反正我刚才已经做了让步，如果再不行，我也没办法了。

正确的描述：我想请教一下，我刚才的建议是不是可行？如果不可行，你觉得哪些地方是我们合作的障碍呢？

随堂作业

有人的地方就有江湖，有人的地方就有冲突，因此，学会妥协就成了至关重要的沟通技能。适度妥协战略，是化解沟通矛盾的黄金法则，每个高情商的人都应该掌握。

这堂课的作业是，回忆你最近和别人发生冲突或者矛盾的例子，想一想，如果让你重新处理，用妥协策略，你会怎么处理。把自己的思考记录下来。

PART 9

沟通破冰，迅速建立信任的秘密

对人的热情，对人的信任，形象点说，
是爱抚、温存的翅膀赖以飞翔的空气。

- 苏联教育家　苏霍姆林斯基 -

我常常遇到不少奇特的初次见面的情景。比如，有一次，我的一个朋友拉了一个群，说要介绍一个朋友给我。因为有了朋友的背书，我就和这位据说听说过我的人加上了好友，我们的第一次对话是这样的：“久仰大名，终于遇到了。”我说：“是呀，我也听某某给您很高的评价。”对方：“那么，席越，你是哪年生人呀？”我当时一愣，没有回复她，过了几秒，我问她：“我们现在要谈的主题是什么？您是希望我们有什么合作吗？”

还有一次，也是一个朋友介绍我和另外一个准备筹办一场晚会的女性创始人认识，想看看我们是不是有合作的可能性。这一次就比上一次的介绍更靠谱一点，因为我们至少知道双方要具体谈什么项目。于是在微信对接上后，第一次对话就很直接，那位女性创始人问我：“席越老师，听说您很能干，能帮我看看组织这样一场晚会需要多少钱吗？”我当时还不是很了解她的会议的背景和具体情况，所以不能给一个直接的预估价，所以我婉转地说：“我们是不是可以见面聊一下，我了解更多情况之后，再给一个预估价。”于是我们约好了见面时间和地点。我们见面后，她第一句话就是：“席越老师，我们这次大会准备请华为的某某副总裁，你是不是可以帮我们把董明珠请来呢？”

我觉得，与这两位新朋友的初次交流都有一点让人不舒服。前一位开口就问别人的隐私问题，而不是先建立起交往的信任基础；其实当两个人因为一个具体的交往机会比较熟悉了之后，再聊个人的事情或者询问个人信息就不会显得那么唐突了。

而第二位朋友，虽然说有非常具体的项目和交往小目标，但是一上来就直接扔给我一个比较难做的人情题——可不可以帮她请到一位知名的女企业家。大家都知道，这样知名的企业家即便支付她足够的商务费用，她都不一定来，如果不是因为费用，那么就需要很大的人情。所以，初次见面就提出一个比较难处理，需要一定时间和人脉来支持的任务，确实有些逾越了我们之间的关系。

这些都是初次见面的人没有理解破冰的意义的例子。

初次见面，不是不可以问个人问题或者请别人帮忙，但问题不能是对方忌讳或者和当时情况不相关的问题。而初次见面请人帮忙，可以是请对方帮忙买杯咖啡，顺路带一本书，这些都没有大问题。

破冰的标准是初步建立信任感

我们聊到沟通破冰，习惯性地认为是指与陌生人的交流沟通，其实不然。很多人就是碰见一些熟悉的长辈，也只能打个招呼和尬聊，同行 15 分钟，只谈 1 分钟，其他时间都在尴尬中沉默。

甲：张叔叔早。

乙：早。

甲：张叔叔去哪儿?

乙：走走。

(走了一路，相对无言)

在一些场景里，我们碰见了自己的领导、上级、同事，明知道缓解尴尬的氛围很重要，但只是无趣地打招呼，然后各自面无表情地发呆。

甲（看见领导在电梯里，犹豫一下，还是进去了）：您吃过饭了？

乙：嗯，吃过了。

甲：我也刚吃完。

（长时间沉默）

去拜见客户或在重要的商务场合，我们明知道让对方信任很重要，结果一阵礼貌性的寒暄后就无话可说了，只能用刷手机来掩饰自己的尴尬。

（商务场合）

甲：你好，你是遇言不止的小平吧。

乙：是啊，你是？

甲：我是问鼎堂的小美。

乙：哦，你好。

甲：久闻大名。

乙：嗯，彼此彼此。

（然后各自拿出手机刷信息）

总之，生活中、职场中，我们和人交流沟通是不可避免的，有时候需要主动去和他人沟通，那么怎么样才能快速破冰，让彼此的交流达到一个轻松、融洽的状态呢？

关于沟通破冰，很多人会讲一系列的方法，但我却想说说破冰背后的原理。

两人相遇无话可说，实际上是因为彼此没有安全感，而安全感的基础是信任感。破冰，就是要让对方产生信任感。如果不知道这一点，学再多破冰技巧也没有用。使用错误的沟通破冰方式，只会适得其反。

错误的获取信任方式

怎么在沟通破冰中建立信任呢？有的人觉得要热情，有的人觉得要主动，也有人觉得应该照顾对方的情绪，这些方式本身没有错，但是千万要掌握好度，不然过犹不及。

- 太过热情，不够稳重 -

当你第一次和对方见面的时候，一定要给对方留下稳重自信真诚的印象，做到张弛有度，不要太过热情。过度热情容易让对方认为你是有所图，想从他身上得到什么，毕竟现在大家的防备心都比较重。

过于热情的表达	破冰：友好表达
甲：啊，我今天的运气真是太好了，竟然见到了我的超级偶像。见到你真的太高兴了，我真的很崇拜你，你真的太优秀了，你需要喝果汁吗？还是要吃水果？我帮你拿，你别累着了！ 乙：（全程尴尬）呃，谢谢，我自己来就行。 甲：啊，没关系，我太崇拜你了，为你服务是应当的！ 乙：谢谢。（走开） 甲：啊，我做错了什么？	甲：您好，见到您很高兴，您是我的偶像，您的书我非常喜欢，它激励我变成了更好的自己，真的很谢谢您。 乙：谢谢你的支持，能获得你的喜欢我很荣幸。 甲：那老师您有空一起喝杯咖啡吗？我不想浪费这次难得的机会。 乙：当然可以。

张弛有度的热情，既表达了你的善意和态度，也减少了别人的防御心，这样才能获取对方的初步信任。

－逾越距离，急功近利－

第一次见面，就自认为和对方很熟悉，开始提出一些请求也是不行的。因为你们不熟，过早提出要求会让对方觉得你是一个是非常自私的人，总是想利用别人，对方不仅不信任你，还会对你产生反感。

急功近利	破冰：利益驱动
甲：你是罗总对吧？万兴投资公司的老板，罗总！我没认错吧！没错，就是你。 乙：是的，我是。 甲：罗总，我一个哥们儿和你特别熟悉，我们是死党。上次我们一起去了你开的酒吧，玩得很开心。希望罗总能送一张白金 VIP 卡，我们好常常照顾你生意啊。 乙：抱歉，我们的白金卡是限量的，我也没有权限私自送人。 甲：喂，罗总，你这么说就太不给面子了！	甲：你好，你是万兴投资公司的老板罗总吧，很开心认识你。 乙：你好。 甲：你可能对我不太熟悉，我一位朋友和你比较熟。你开的那家酒吧真的不错，服务、产品品质、环境真是一流。 乙：谢谢光顾。 甲：以后我会带我朋友去光顾的。 乙：去了一定叫你哥们儿给我打个招呼啊。我给你们送点酒和果盘。

急功近利只会让人退避三舍，哪怕你会为对方带来利益，对方经过衡量也会选择放弃你的利益。而在破冰沟通中，只说自己为对方奉献利益，反倒会引起友好的反馈。

建立信任总模型：破冰 ODCR 思维图

- 建立信任的目的：建立良好的人际关系 -

在沟通中，建立彼此之间的信任感，最重要的目的是建立起良好的人际关系，无论是亲戚、朋友，还是同事、商务伙伴之间，从不熟悉到信任的过程，就会建立起可互换价值的人脉。不然每次沟通都需要破除彼此之间的壁垒，是非常消耗时间的。

没有建立信任的沟通	建立信任的沟通
甲：你好，我是上次在聚会上和你打过招呼的 ××，你还有印象吗? 乙：不好意思，不记得了。 甲：这样啊，那我再自我介绍一下，我是脉课公司的 ××，今天来是想和你聊一下我们公司开展的新业务…… 乙：不好意思，这件事情你可以找我们的业务人员商量，他比较了解这方面的情况。	甲：您好，我是上次聚会和你打过招呼，认真拜读过您的书的小粉丝。 乙：啊，我记得你，你很真诚，今天来有什么事呢? 甲：是这样的，我们公司开展了一项新业务，想和您一起合作，不知道您有没有兴趣? 乙：当然了，这样，我找我们负责这块的同事来，我们一起聊聊。

- 建立信任的需求：获得安全感 -

人的不安全感是与生俱来的。就像我们的房间并不是只供我们休息睡觉，其核心功能是为我们提供一个安全的庇护所。破冰沟通也一样，没有安全感，就不会连接到其他伙伴，也不会有彼此之间的资源互换。

没安全感的沟通	有安全感的沟通
甲：你好，我是新来的销售 2 部主管，听说你们 1 部拿到了第二季度销售第一名啊，恭喜！ 乙：谢谢。 甲：什么时候请客吃饭，我带着 2 部的兄弟去你们那儿取经学习？ 乙：啊，要请这么多人吗？我们没有什么好学习的。 甲：别那么小气嘛。	甲：你好，我是新来的销售 2 部主管，听说你们 1 部拿到了第二季度销售第一名啊，恭喜！ 乙：谢谢。 甲：我初来乍到，许多地方不太懂。不知道您什么时候有时间，我想向您请教一些问题。 乙：可以的。 甲：谢谢你。

- 建立信任的核心：统一认知 -

破冰沟通不成功的核心原因是彼此没有找到共同的观点和话题。共同话题是我们能持续沟通的关键，一旦达成统一认知，信任就建立了。

没有统一认知	有统一认知
甲：你好！很高兴认识你。请问你现在从事什么工作？ 乙：我从事短视频运营。 甲：这么巧，我也是。请问，你对短视频未来的看法是什么？ 乙：更加专业化。 甲：我不同意，我觉得应该是更加个人化、平民化。 乙：我说的是技术方面，你说的是主题方面。 甲：是吗？我其实说的也是技术方面。	甲：你好！很高兴认识你。请问你现在从事什么工作？ 乙：我从事短视频运营。 甲：这么巧，我也是。不知道兄弟对短视频运营有什么心得，是否可以分享一二？ 乙：短视频行业现在火爆，有许多专业团队入场，不知道会不会带动整个技术的专业化发展。 甲：有道理。那你觉得平民化的主题还会继续流行吗？ 乙：应该会的，毕竟现在是全民自由创作时代。 甲：我非常同意。

- 建立信任的结果：累积可置换资源 -

信任产生人脉，人脉产生资源。信任的人越多，积累的资源就越多。资源互换，有利于事业发展及在生活中更加顺畅和顺利地处理事情。

获取信任的沟通方法

我将这个破冰模型称为“斜风细雨不须归”模型（见图 9–1）。熟读古诗词的朋友都知道，这句词来自唐朝诗人张志和的《渔歌子》。我想告诉各位的是，这句词基本涵盖了破冰沟通的秘诀。

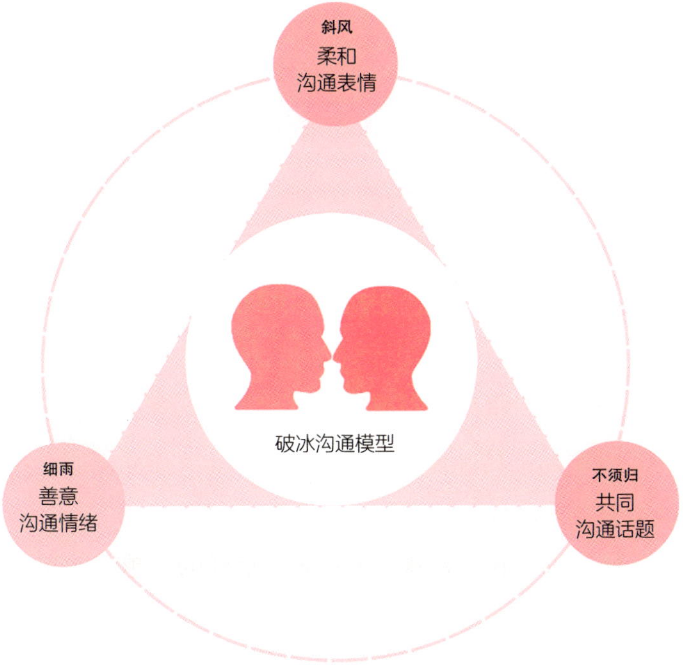

图 9-1 “斜风细雨不须归”模型

- 斜风：柔和沟通表情 -

斜风，就是春风。我们经常讲一个人让人“如沐春风”，意思就是他给人的感觉温柔而舒服。在沟通中，如果来不及开口表达，就保持善意的表情，让人容易亲近与接纳。而微笑，是最好的破冰工具。只要对方对你的微笑有所回应，就等于打开了一扇沟通的窗户。假如你在破冰之初感觉到紧张、不安，不妨就用微笑对人。让微笑如同春风一般吹过对方心中的原野。试想一下，如果你和别人沟通，一直板着脸，别人怎么敢亲近你呢？

- 细雨：善意沟通情绪 -

破冰沟通，情绪特别重要，情绪是我们理解自己、理解别人最重要的工具。春雨纤细而滋润，让人感觉舒服。我们保持四种沟通情绪，就不会被忽视。

善意：给人最大的善意，不要一脸厌烦、讨厌，不然会给人以拒人于千里之外的感觉。

热情：主动用热情打动他人。不要一脸冷淡，更不可以摆一张臭脸。这会让人产生你要中断沟通的想法，对方同样会拒绝和你沟通。

重视：专注聆听和询问，以及眼神要停在对方身上，否则别人会认为你不关心、不感兴趣、不想了解、不想继续沟通，同时给人留下极差的印象，破冰不成，结冰更厚。

赞美：这是对一个人的存在感的最高肯定。赞美会带来彼此的好情绪。

- 不须归：共同沟通话题 -

聊到情深处，恍然忘归途。要制造让双方有“归属感”的话题。意思是沟通一定要是同频的，如果你说的主题和他表达的意思根本没有任何共同之处，这个时候的沟通是无效的，一定要及时调整自己的沟通策略，让双方有共同感觉，让自己的沟通取得成效。

很多人在初次沟通时的最大问题是找不到话题，实际上我们要首先开启共通话题。

什么是共同话题？就是沟通双方都知道的各种日常生活情报，如天气、节日、工作等。例如：今天天气不错，今天又下雨了，明天是国庆节，你做的工作很不错，等等。

很多人看到这里肯定会说：席老师，我就是用这样的开场白呀，但接下来我就没话说了，破冰又变成结冰。

那是因为你没有做第二步和第三步：自身感觉＋他人感受。

自身感觉就是在共同话题基础上说出自己的感觉。例如，“今天天气不错”，这是共同话题，接下来补一句，“太阳出来，我整个人都舒服极了”，这就是自身感觉。

单纯的自身感觉还不够，人家会觉得“关我什么事”，所以需要再加上他人感受，就是让对方表达自己的感受。例如，“太阳出来，我整个人都舒服极了，你觉得怎么样？”

没有开启共同话题	开启共同话题
甲：你好！很开心认识你。这里太棒了！ 乙：是啊，这里很棒。 甲：真是风景如画。 乙：是啊，风景如画。 甲：看来你也和我一样喜欢这里。 乙：是哈，我喜欢这里。	甲：你好！很开心认识你。这里真是风景如画，太棒了！你有来过这里吗，感觉如何？ 乙：的确很棒，我以前来过这里，当时也觉得怎么会有如此美景。 甲：看来阁下也是懂得欣赏山水之美的人，看得出你对一山一水的热爱。 乙：是啊，我喜欢旅游嘛。 甲：我也喜欢旅游，来给你看看我之前拍摄的一些照片，可以吗？

共同话题＋自身感觉＋他人感受，三者结合就是万能的话题开启公式，掌握这个破冰表达公式，就不怕没有话题可聊。

你瞧，从共同话题开始延展，就可以找到彼此都感兴趣的话题，这样的破冰沟通快捷有效，产生信任感的速度自然就快了。

小贴士：建立信任的小秘诀

－及时反馈－

当你跟对方第一次见面的时候，你们相谈甚欢，并不等于你们未来会成为朋友。想要继续有交流，那么第一次见面之后，你需要及时在有效时间内给对方反馈。

用微信举例，我们的反馈内容可以如下：

第一要表达对对方的喜爱，感觉你们共同度过的时光非常珍贵，然后表达对对方的尊敬和自己的荣幸，比如“很荣幸今天遇到你，您的丰富学识以及优雅谈吐给我留下了深刻的印象”。

第二要涉及今天谈的话题，一定要给出自己的一些反馈。比如提出自己的一些问题、困惑和观点，让对方知道你很珍视这次聊天，同时还要有自己的看法。这样的话会让人觉得你有价值。

第三要主动伸出“橄榄枝”，期待未来的合作学习和交流。比如，“因为我们这次相谈甚欢，您如此学识渊博，我可以从您身上学到这么多的东西，所以我希望未来还有机会能够再跟您进行交流”，这样的话就很得体。

- 朋友背书 -

每个人对陌生人都会有戒心，因此在第一次接触时，可以适当用一个双方都认识的名人或者第三方朋友进行背书。

比如，我在一个大会上遇到了一个餐饮界的朋友，当聊到一些事情，我会表示这件事情我从某某朋友那里听说过，他跟我分享过他对牛奶的看法，我觉得可以很好地解释现在的状况。

你并不是非要刻意把某位朋友提出来，只是正好他的一些见解可以解释当时的情况。这个时候就非常容易让对方发现原来你跟这样的人是朋友，你虽然不是从事餐饮业的，但从餐饮业的朋友那里学到了知识，那么你也挺厉害的。有这种心理暗示，对方会觉得你跟这样的人是朋友，你的能力一定不会差。

只不过背书不能太多，我们经常碰到一些反面案例，说他跟谁是朋友，跟谁也是朋友，跟谁还是朋友。如果你在一段话或者一段时间内抛出了 10 个名人，大家会觉得你在自抬身价，这个时候你就失去了大家的信任。

- 定期联系 -

所谓日久见人心，信任需要很长时间才能建立起来。我们生命中最重要的一些朋友可能都是经过时间洗涤和沉淀下来的，不要忘记在适当的时间与他们进行沟通和交流，而不是等到出了什么事情才去找他们帮忙。即使他们可能已经跟我们不在同一个圈子里了，也要隔几个月就发一条信息问他们好不好，表示我现在工作比较忙，但是我还记得你，我们的情谊还在。

破冰话题六禁忌

在破冰沟通中，最怕随心所欲，缺乏顾虑。

尤其是第一次见面，我们可能在沟通中说了一些伤人的话，很多人会选择无视对方的感受，继续自说自话，但其实这很容易破坏彼此之间的信任。

根据我多年的沟通经验，我总结出破冰阶段禁止提及的六大话题。

- 讲出冒犯对方的事 -

例如，不经过大脑思考就对别人随意评论。对一个人下评论的时候，要三思之后再开口，也不能毫不留情地否定别人的兴趣爱好，比如："你居然喜欢种花，一个大男人喜欢种花，是不是有点娘？"别人要是否定你的爱好，你是什么感受呢？另外，不能一心二用，一边和别人说话一边做其他事情，这会让别人认为你不尊重他，人家自然也不会尊重你。

- 讲别人闲话 -

初次见面就讲他人闲话，只会给人留下"此人太八卦""背地里说人太不道德"的印象。

- 倾吐自己的不幸 -

很多人和人见面不一会儿，就自己的什么隐私都敢讲，特别是一直强调自己的不幸，也不管别人是否在乎，是否接受，这也会给人留下“婆婆妈妈”的印象。

- 询问对方物品价格 -

破冰阶段，有时候为了制造话题，会从别人的物品开始聊起，例如，“你这红色的包包设计真棒”。但要注意，不要接下来就问：“多少钱买的呀？”这是非常不礼貌的行为。因为这是别人隐私。

- 探讨争议话题 -

对于宗教、政治或具有争议的热点话题，在不了解对方观点的时候，不要轻易探讨。

- 询问健康问题 -

初次见面询问健康问题是非常不礼貌的，因为这是别人的隐私。“我看你气色不好，是不是健康出了问题，特别是肝的问题，建议你去检查一下。”这样的话会让人反感。

在建立信任的沟通中，度的把握是极其重要的。因此在沟通的过程中，若不小心犯忌讳，你需要马上表示歉意：“不好意思，我刚才说的话可能冒犯到您了。虽然我的本意不是这样，但是我要解释一下，如果冒犯您了，我道歉。”

随堂作业

人与人之间的第一次连接往往通过沟通来完成。我们在破冰沟通中，彼此都在评判对方值不值得信任，值不值得吐露真言。记住“斜风细雨不须归”的三大要点并照做，信任自然就产生了。

这节课的作业是，给自己设计几个不同场景的破冰沟通模板，以备不同场合使用，比如正式商务场合、非正式商务场合，以及朋友聚会。

PART 10

语气体现素养，轻松获得好人缘

对别人述说自己，这是一种天性。因此，
认真对待别人向你述说的他自己的事，这是一种教养。

- 歌德 -

在回国创业之后，我认识了中国传媒大学的教授王晓红老师，实际上是她的一位硕士研究生把她介绍给我的，因为她觉得王晓红老师代表了中国优秀女性，博学、温柔、勤奋，同时还有非常正直的三观。

等我真的见到她本人，我才理解了她学生的意思。这位王晓红老师，有齐耳的短发，戴着两枚明亮的珍珠耳环，气质落落大方，说话娓娓道来，总是让人感觉非常舒服，又很得体。比如，每一次见到她，她都非常忙，总是先告诉我们："不好意思，我现在只有大概1个小时的时间可以和大家一起聊聊天。"在这种情况下，即使大家都有些遗憾，也会觉得可以理解。

有一次在一场大会之前，我们几个与会人员等了她半个小时她才出现，然后在午餐进行30分钟之后，她和每个人都打过招呼，没有吃几口饭就又提前离席了。

在一个学院里，有各种各样的人员事务需要沟通，各种琐碎的工作都要处理。在中层管理者王晓红老师身上，我看到的最显著的特点是她待人接物的温和语气，非常具有亲和力。

她的学生也说，老师说话中气十足，有腔有调，声音也如教科书般标准，但是却有一股温柔的力量。甚至，和别人争执的时候，她都不急不缓，语气平和。

我想这就是所谓的温柔的力量吧。

温柔沟通是素养的体现

温柔是这世间最优秀的品质与修养之一。

无论是恋爱、求职还是交友，温柔沟通都是最至关紧要的。温柔总能打动别人的心，把自己的真心捧在手上，别人就会推心置腹地与你畅谈。比如，你与陌生人之间本是有距离的，你的温柔会让对方感觉如沐春风，防备心理就随之减弱。再如与异性交谈，双方存在性别差异，矜持和自重之心很难让人敞开心扉，尤其是女性，但是谁也拒绝不了温柔之心。

如果你不懂温柔沟通，那么在家庭关系中，很容易出现矛盾，消磨家人之间的感情。

命令式沟通案例：

女：叫你吃饭看手机！（拿走）

男：关你什么事，还我！

女：我这不是为你好吗，等一下你又胃疼！

男：那也是我疼，手机还我！

女：你!!!

如果你不懂温柔沟通，那么在职场交流中，很容易让同事难堪，耽误工作进度，甚至让别人疏远你。

直接式沟通案例：

甲：我要的方案今天能给我吗?

乙：没空。

甲：哎，你什么态度?你昨天不是说今天能给吗?

乙：我这边有一堆事，今天没空！

甲：你这不是耽误我的事吗?耽误进度得算在你头上。

乙：关我什么事?!

而更重要的是，如果你在和上级沟通时，不懂得温柔沟通，你很难获得职位上的晋升。

蛮横式沟通案例：

甲：老板，你说了这周给我调休，怎么又不行了。

乙：不好意思啊，因为这周的项目实在着急，你下周再调吧。

甲：不行，我不管，我就要调休，我车票都买好了。

乙：票可以改签，下周休息也是一样的啊？

甲：我就要这周休息！

乙：你这人怎么那么死脑筋呢？！一点儿都说不通！

与人沟通时，就像是站在镜子面前说话，对方的沟通态度，其实就是你态度的反射。所以，当你以友善温柔的态度进行对话时，对方也会给予你相同的对话态度。这样就可以很轻松地化解冲突和矛盾，也更容易获取他人的认可。比如两人在茶水间接水发生小摩擦：

乙：啊！（不耐烦的表情）

甲：（面带不好意思的笑）啊，不好意思，没有注意到你，没烫着吧？

乙：没烫着，衣服先接收了你的热情。

甲：真的不好意思，中午我请你吃饭赔罪。

乙：既然你非要破费，我就不客气了。

为什么温柔沟通有这样的效果和魅力呢？

实际上，温柔释放了两个非常重要的信息：

第一个是通情达理。温柔沟通体现了你的宽容、谦让，对别人体贴，为别人着想，不会让别人难堪，既保留别人的自尊，也得到别人对自己的尊重。

第二个是善意。沟通中，当别人表达欠考虑，冒犯了你，你可以尽量用善意去解读，站在对方的立场，设身处地地理解与体会对方的感受，以更宽容的眼光去看待，并以更有益的方式去回应。

然而，很多人把温柔沟通理解错了，接下来，我们看看几个错误的温柔沟通方式。

错误的温柔沟通方式

温柔沟通不是说话小声，也不是无限退让，所以在温柔沟通中，以下三种沟通方式是对温柔沟通的错误认识。

- 说话声小，没有存在感 -

温柔沟通，并不是小声说话。如果一个人说话很小声，那么这个人会很快失去存在感。在沟通表达中，你的声音只有被听到，你才会有话语权。

小声说话	柔而有力
甲：这个项目你们的分成比例只能是这样了，再高就不合作了。 乙：（小声）不行啊，老板说太低了，得提高点儿。 甲：什么？你说话大点声！我听不到。 丙：不好意思，这个项目我们团队也投入不少，现在的比例确实低了，我们这几个月会白干的。 甲：（和丙聊，忽略乙）是吗，那我们来计算一下。最多再让 1 个百分点，不能再多了！	甲：这个项目你们的分成比例只能是这样了，再高就不合作了。 乙：（柔声微笑）× 总，我们也理解您对项目的付出，只是我们团队也在为这个项目加班加点，以现在的利润点，扣除成本，我们基本上这几个月就白做了。您也是开公司的，我相信您也知道一家公司几个月不挣钱意味着什么，对吧？ 丙：是的，请理解一下，比例要再商议一下。 甲：那我再计算一下。行吧，再让你们 3 个百分点，可以吗？ 乙：谢谢您了。

温柔沟通可以降低对方的防备感，即使是在针锋相对的谈判场合，也可以带来双赢，但温柔并不是小声说话。

- 凸显弱小，没有责任感 -

有人会问：温柔沟通，是不是就是示弱？答案是否定的。在沟通过程中，示弱不会换来让步，只会让你彻底丧失主动权，同时给人一种不想承担责任的感觉。

凸显弱小无助	以柔为进
甲：怎么回事，最近你小组的人老是迟到，每个人都扣 300 元！ 乙：（示弱）领导，是他们迟到，不是我迟到啊。我已经多次提醒他们了，但是他们每个人都住得远，很早起来挤公交，一不小心就会迟到。你看在大家辛苦的份儿上，能不能不要扣那么多呀。还有，我没有迟到呀，怎么也扣我的钱？求求你呀，不要这样。 甲：你是小组负责人，你还好意思说，没得商量！ 乙：不要这样嘛，拜托。	甲：最近你小组的人老是迟到，每个人都扣 300 元！ 乙：（柔和）您提醒得对。我也一一问过了，他们住得实在远，就算 6 点起床挤公交，一不小心都会迟到。要不，明天我叫他们 5：30 就起床？ 甲：5：30 起床，怎么休息得好呢？怎么工作呢？ 乙：是啊，但公司规定大家都得遵守啊。要不，这次只扣我的吧。 甲：算了，这次就不扣钱了。你统计一下小组里每个人住的具体位置，公司依据实际情况酌情调整。 乙：谢谢您。

以柔为进，可以避免矛盾的激化，既安抚了对方的情绪，也保证了自己的利益。

- 肢体示弱，没有自信 -

在温柔沟通的过程中，最忌讳的一点是肢体示弱，这很容易给对方一种好欺负的感觉，别人会得寸进尺。

肢体示弱	肢体温柔
甲：你们店卖的产品质量太差了。我昨天才买的，今天就坏了。你们这不是骗人吗？退款！不然我去消协告你们。 乙：（动作小心翼翼，点头哈腰）不好意思，这是我们的问题，我给您道歉，立马给您替换。品质有问题我们包换。 甲：不行，我不要了！退钱！ 乙：公司规定只能换，不能退！ 甲：那我就告你们！哼。	甲：你们店卖的产品质量太差了。我昨天才买的，今天就坏了。你们这不是骗人吗？退款！不然我去消协告你们。 乙：（保持微笑，点头致歉）不好意思，这是我们的问题，给您道歉，我立马给您替换。 甲：我要退钱！ 乙：（微笑）真的很抱歉，先生，您选择我们的产品是对我们的信任，请再给我们一次机会，我们给您替换，如果还是有问题，我们保证无条件退款。 甲：行吧，那我再试试。

肢体动作是另一种沟通语言，身体的姿态也是一种心态的展示，肢体释放出的温柔信号，比如你的表情、眼神、动作，都可用以表现温柔，一样会传递给对方，同样会化解沟通矛盾。

接下来我们看看温柔沟通的 OCDR 思维图，解读一下温柔沟通背后的思维逻辑。

温柔沟通总模型：ODCR 思维图

– 温柔沟通的目的：避免沟通矛盾的激化 –

我们进行温柔沟通，主要目的是避免矛盾的产生和激化。尤其是在谈判的过程中，双方都在积极为己方争取利益，如果沟通态度过于强硬，那么很容易让矛盾激化，进而让整个沟通崩盘。

就像之前我们在谈判中争取利润点的例子，如果你不会温柔沟通，那么结果就会变成这样：

甲：这个项目的分成比例只能是这样了，再高就不合作了。

乙：不行，你得再提一个百分点。

甲：我不同意，就按这个来，你们爱做不做。

乙：这太少了，还不够我们的成本，你得再提点。

甲：那是你们的事，分成就这样。

你看，这样强势的沟通，只会激化双方的矛盾，让谈判走入僵局，这和我们进行沟通的初衷完全背道而驰。

- 温柔沟通的需求：换取对方的让步 -

想要在沟通中获取更多的需求，温柔沟通是一种非常好的方式，因为适当的退让也会换取对方的退让。

清代康熙年间，桐城境内发生的一件事后来被传为佳话。大学士张英的府第与吴家相邻。吴姓盖房欲占张家隙地，双方发生纠纷，告到县衙。因两家都是高官望族，县官欲偏袒相府，但又难以定夺，连称由相爷做主。张英家人遂驰书京都，张英阅罢，立即批诗寄回，诗曰："一张书来只为墙，让他三尺又何妨。长城万里今犹在，不见当年秦始皇。"家人得诗，旋即拆让三尺。吴家深为感动，也让出三尺。于是，便形成了一条六尺宽的巷道，这里也成为安徽桐城的一处古迹。

两家各退三尺，故有了今天的六尺巷，所以我们进行温柔沟通是为了换取对方的让步。

没有退让的沟通	有退让的沟通
甲：今年过年得回我家。 乙：凭什么，去年才去你家，我爸妈也要人陪，今年得回我家了。 甲：不行，一定要去我家，我都答应我爸妈了。 乙：不行，得去我家。 甲：不去就离婚。 乙：离就离。	甲：亲爱的，今年过年我想回我家。 乙：可是去年才去你家呀，我爸妈还问今年能不能去我家过年。 甲：嗯，要不咱今年把爸妈带着，一起去泰国过年，这样可好？ 乙：这个建议也不错，那就这样办！ 甲：好，那我去准备。

大家可以看到，有退让的沟通会换来对方的相对让步，并且得以找到最合适的解决方案，在冲突产生之前进行化解。

– 温柔沟通的核心：让人际关系更加和谐 –

温柔沟通的核心是维持人际关系，不破坏双方已建立的认知核心，让上下级关系、朋友关系、亲密关系在谈话间变得更加和谐。

- 温柔沟通的结果：迅速达成共识 -

温柔沟通，利用高情商的表达，让对方安静放松下来，并愿意听你说话，既满足了别人的需求，也照顾了自己的内心需要。

温柔沟通的方法：soften 模型

Soften 的中文意思是“软化”。Soften 模型从语气和肢体两方面打造沟通中的温柔友善态度，使沟通更具有亲和力。

- 语气的软化：温柔攻势 -

语气是思想感情支配下语句的声音形式，在沟通中体现你的态度。同样的语言内容，用不同的语气表达，结果是不一样的。例如，大家可以试着用不同的语气将下面的话念出来。

表达开心：她只是一个 9 岁的孩子！

表达愤怒：她只是一个 9 岁的孩子！

表达关心：她只是一个 9 岁的孩子！

表达怀疑：她只是一个 9 岁的孩子？

就像前面的案例，强硬的态度直接通过语气表达出来，造成了彼此之间矛盾的激化，进而导致沟通崩盘。

语气软化的核心关键词就是舒适度，就是说话要让人听起来很舒服。沟通大师卡内基说过：“沟通让双方舒服的程度，最终决定了你人生的高度。”这话虽然有点夸张，却非常有道理。

语气的软化主要针对四种形式：陈述语气、祈使语气、感叹语气、疑问语气。

陈述语气

使用陈述语气时是在陈述客观事实，不包含强烈情感。软化之后的温柔沟通要注意语气温和。

陈述语气（质问）	温柔的陈述语气
甲：总监，我们小组这个月 30 天都在加班，每次加班不会少于 2 小时，太晚没有公交车和地铁，只能选择坐出租车。公司只报销 50% 的费用，这合理吗？ 乙：那你去质问老板去呀。	甲：总监，我们小组这个月 30 天都在加班，每次加班不会少于 2 小时，太晚没有公交车和地铁，只能选择坐出租车。公司只报销 50% 的费用，请问这合理吗？ 乙：的确有些问题，我和老板沟通一下。

祈使语气

祈使语气是表达直接命令或请求的语气。温柔沟通的时候，要把强势传达感软化。

直接祈使语气	温柔的祈使语气
甲：我今天公布一条新规定！由于近期部分同事不遵守规定，在公司办公室吸烟，严重影响了大家的健康，现在公司规定，凡是在办公室吸烟者，一律罚款 300 元！ 众人：啊，这样啊，好啊。有时候就是忘记了，加班时感觉困嘛。罚款也太多了吧。	甲：我今天公布一条新规定。由于近期部分同事不遵守规定，在公司办公室吸烟，严重影响了大家的健康，现在公司规定，凡是在办公室吸烟者，一律罚款 300 元。 众人：明白了。的确不应该在办公室吸烟，应该遵守规定。

感叹语气

用感叹语气对事物、行为表示赞赏或否定，有强烈肯定或否定的情感色彩。温柔表达更加柔和与真挚。

直接感叹语气	温柔的感叹语气
公司的良好氛围就像一道光，能照亮大家；就像一池水，一滴水也能激起波澜。但我们有些同事，没有变成光，反而成了关灯的人；没有变成水，反而成了倒水的人！这样的人，要自己反思！	公司的良好氛围就像一道光，能照亮大家；就像一池水，一滴水也能激起波澜。但我们有些同事，没有变成光，反而成了关灯的人；没有变成水，反而成了倒水的人。这样的人，要自己反思。

疑问语气

疑问语气是对事物表达疑问、反问，进而表达认可或反对。

直接疑问语气	温柔的疑问语气
甲：你觉得这样做合理吗？加班 1 小时，奖励 10 元钱；迟到 5 分钟，罚款 100 元。这合理吗？这分明是霸王条款，对不对？	甲：你觉得这样做合理吗？加班 1 小时，奖励 10 元钱；迟到 5 分钟，罚款 100 元。这是霸王条款吧？

-肢体的软化：优雅亲和-

沟通表达是具有整体性的，肢体语言也是沟通表达的一部分。在温柔沟通中，你的肢体比你的语气更真实地体现着你的态度，所以想让对方更加信服你、接纳你，肢体的软化也同样重要。

肢体的软化包括以下几方面。

S——smile，微笑：带着微笑接近别人，等于告诉别人自己是带着善意前来，也会让人更愿意接纳你。

O——openarms，张开双臂：张开双臂不仅给人以善意的印象，而且会让人知道你已经做好与人交谈的准备。尽量避免双手交叉抱胸，因为这容易给人以“我不想被打扰”的印象。

双手交叉抱胸，是人体的一种防御姿势，这种姿势带着非常强硬的抵抗情绪，无法给人亲切感。放下交叉的双手，甚至在沟通的时候张开你的双臂，呈一种拥抱姿势，让对方有被接纳的感觉。

F——forward，身体前倾：与人对话时，身体前倾表示你对话题很感兴趣，而且听得很认真，这会鼓励对方继续说下去。

距离的改变也是体现友善的方式。我们与不认同自己的人会不自觉地拉开距离，对三观一致的人，会不自觉地相互靠近，这是人的本能。所以在沟通的时候，在倾听别人观点的时候，身体朝着对方前倾，可以让对方感到被尊重、被关注，若是在谈判，对方也会给你更大的让步。

T——touch，接触：与陌生人握手致意，是表达善意与沟通意愿最好的方式。

在法国，人们初次见面行贴面礼；在其他西方国家，人们会礼貌性地拥抱；东方国家的人们就稍微含蓄一点。在中国，对于第一次见面的朋友，我们都会行握手礼，而这种仪式的目的就是让双方都能更好地认识和接纳对方。肢体的接触可以带来更大的安全感，让沟通变得更加顺畅。

E——eyecontact，目光接触：目光接触代表你正在倾听，想要了解对方；目光接触再加上善意微笑，则表示一种鼓励，“我喜欢与你交谈，并想多认识你”。

在日常的对话过程中，我们发现，很多人是不会正视对方的眼睛的。目光的躲闪会给人一种不信任、不耐烦的感觉，这很容易让沟通变得尴尬。给予对方更多的尊重，让对方接收到被认可、被欣赏的信息，才能更好地达成沟通效果。

N——nod，点头：点头表示你正在倾听，并且认同且鼓励对方继续说下去。

在沟通中，及时给出回应是很重要的，这样才能让对方有继续往下说的欲望，偶尔点头或者用“嗯”“对”这样的语气词回应，都能让对方感受到你的参与。

举个例子：

肢体不软化的沟通	肢体软化沟通
丈夫双手交叉，面无表情地靠在墙上，在妻子说话的过程中不回应。 女：你看看你，每天回来不是在沙发上躺着，就是靠墙站着，一点都不想来帮帮我，我带孩子容易吗？你变了，你一点都不爱我了！ 男：（不看女生）你又没工作，带孩子怎么了？别无理取闹。 女：带孩子不是工作吗？你现在说话怎么那么没有良心！ 男：不说了，我累了，收拾收拾睡觉吧。 女：你！！！	丈夫张开双手，前倾护着妻子的样子，面带讨好的微笑，并且在妻子说话过程中有回应。 女：你看看你，每天回来不是在沙发上躺着，（男：我的错）就是靠墙站着，（男：就是）一点都不想来帮帮我，我带孩子容易吗？（男：辛苦了）对，你变了，你一点都不爱我了！ 男：哪敢啊！妈妈是世界上最伟大的职业，你是最棒的员工。 女：那你还不帮帮我。 男：捏捏肩，敲敲背，辛苦啦！ 女：这还差不多。

肢体表达，是深入沟通的好方法，也是缓和沟通冲突的好方法，不管是在家里还是职场上，抑或在谈判的过程中，肢体表达都可以帮你塑造更好的形象，获得更好的人缘。

随堂作业

温柔沟通是人的一种特殊魅力，更容易博得人们的喜爱。温柔的人更像绵绵细雨，给人一种温暖柔美的感觉，令人心荡神驰，回味无穷。与世界进行温柔的对话，世界还你一个温柔的回应，这就是温柔沟通的意义。

这节课留给大家的练习我也会常做，就是在荔枝 FM 这样的地方，找一个声音优美的主播，跟她 / 他一起念一段感言或诗歌，这个时候你会发现自己声音的美好，同时也会体会到将节奏、语气放缓带来的温柔感觉。

PART 11

肢体语言：沟通高手都在用的沟通助推器

在一个孩子的眼中，人体就像一个布告板，通过手势、姿态、面部表情和肢体动作向人们传达一个人的思想。

- 美国作家、《FBI 教你读心术》作者　马文·卡尔林斯 -

有一次，我参加了一个无聊的旗袍聚会，在一个顶级五星饭店的酒吧里。而我出席的原因仅仅是我要和一个女性组织谈合作，这个组织的领导者组织并邀请我参加了这个聚会。

在聚会上，我看到了一个穿着西装，看起来和我一样无聊的外国人，我观察了一下他的外表和他与酒吧侍应生互动时的肢体语言，感觉他是一个很有教养且克制的人。于是我就主动和他打了一个招呼，他介绍自己是美国某报纸驻中国的负责人，约翰。

这位资深记者兼编辑采访过很多硅谷大佬，以及好莱坞明星。我问他，作为一名资深记者，有什么采访秘诀吗？他说，写报道，做采访，内容要非常硬核才能赢得业内的口碑。那么，在采访过程中，观察采访对象就非常重要，因为有的时候，采访对象的肢体语言甚至比口头语言更为重要。

他举了一个例子，当你提到一个问题，发现采访对象突然把脊背挺直，调整了自己的坐姿，那么这个问题对他来说就非常重要，他认为要注意自己的形象，不能太放松。他的答案很可能是事先准备好的。那么这个时候，你就要注意听这个对他来说会影响对外形象的答案。

还有的时候，对方会突然有一些小动作，或者眉头微微皱起，好像要提醒你什么，但是还没有准备好。千万别错过这样的小动作、微表情，否则继续聊下去你可能什么都挖掘不出来。所以，要停下来问："我们是不是应该休息一下？或者您是不是有什么事情？"这样，你的采访才能有最好的效果，同时让对方对你敞开心扉。

还有的时候，采访对象讲到什么，突然眼睛有了光亮，好像穿过你望向什么地方，姿势也从谨慎变得放松。这就说明他一定是讲到了他最热爱的东西，他的兴趣，他的梦想。所以，你一定要继续追问。你的追问一定会得到回应，他会给你一些意想不到的答案和内容。报道这些内容才能体现出你和其他记者的不同。

沟通的秘密就是要读懂对方的肢体语言。

肢体语言是沟通的助推器

本节课的内容比较特殊，重点不在语言表达，而是在肢体表达上。美国人类学家阿尔伯特·梅拉宾教授在《非语言沟通》（*Nonverbal Communication*）一书中指出，只有 7% 的信息是通过语言传达的，而其他 93% 的信息是通过声音语调（38%）和肢体语言（55%）传达的。

什么是肢体语言？就是通过头、眼、颈、手、肘、臂、身、胯、足等人体部位的协调活动来传达人物的思想，形象地表情达意的一种沟通方式。例如，我们习惯性以鼓掌表示兴奋，顿足表示生气，搓手表示焦虑，垂头表示沮丧，摊手表示无奈，捶胸表示痛苦。

与人第一次沟通，如何在五分钟之内让人觉得和你有亲近感？

有一个万能法则：歪头 + 微笑 + 模仿动作。

歪头：头部稍微往左或右倾斜，可以让人觉得你温和友善，也比较有吸引力，特别是女生做会让人觉得有点可爱。而头部笔直，给人一种非常强势，不可亲近的感觉。

微笑：微笑会带给别人幸福感，是比较显著的友好信号。在沟通、互动过程中，要展示真诚友好的微笑。

模仿动作：想要快速给人亲近、可信的印象，模仿别人的肢体语言是最简单的方法。与人沟通时，可以先仔细观察对方的一举一动，包含对方的坐姿，手怎么放，脚怎么摆，再慢慢调整为和对方一样的姿势；接着尝试掌握对方的肢体韵律或动作，像比如频频点头、轻敲膝盖，然后你就可以换个类似但不必完全一样的动作。

模仿动作的三个技巧：

（1）选择性模仿：只做自然的动作，毕竟某些手势男女有别。

（2）调整动作强弱：如果对方做了一个夸张的手势，你可以幅度做小一点，慢慢调整动作与对方一致。

（3）延迟一会儿再做：对方做完动作后，过几秒钟再模仿，以免对方发觉，反而激怒对方。

最重要的是，一旦你开始模仿对方的举止，就必须全心全意倾听与观察对方，一边听一边将肢体动作调整成和对方频率一致，最终达成心理学上的“边缘共振”（limbic resonance）[①]，当双方的肢体语言趋向一致时，对方会不由自主地与你分享更多信息。

---

① 边缘共振是指两个边缘系统的“频率”相近的人会以奇妙的方式互相感受情绪的“振动”，乃至互相理解沟通。——编者注

歪头 + 微笑 + 模仿动作，无论你是第一次拜访客户、第一次约会，还是第一次面试，这个法则都非常好用，能快速给对方亲近、可信的印象，释放沟通中关键的友善信号。

然而，如果肢体语言用得不好或不对，就会适得其反，要知道人们是会误解你的肢体语言的。

错误的肢体语言沟通

– 沟通时常见的十种错误肢体语言 –

夸张的手势

沟通中出现夸张的手势暗示你在夸大事实，这会让人不舒服。

频繁看时间

沟通中频繁看时间，暗示你有些焦虑和自负，不尊重对方，你有更重要的事情要做，急于离开。

语言和面部表情不一样

语言和面部表情不一样会让对方觉得哪里不对劲，并开始怀疑你在欺骗他。

坐立不安或拨弄头发

坐立不安或拨弄头发表示你有些焦虑、精力旺盛、自负、注意力不集中。

无精打采

这是不尊重对方的表现，表示你有些厌倦，一点也不想待在那里。

身体远离对方

身体远离对方等于告诉对方，你对谈话内容不感兴趣，或者不信任对方所说的话。离对方太近也不行，让人没有安全感。一般距离对方 50 厘米比较合理。

避免目光接触

避免与对方目光接触会让人产生怀疑，认为你隐瞒了某些事情。缺少眼神接触也表示你对沟通不感兴趣，或缺乏自信。

频繁夸张地点头

这会诱露出你的焦虑。对方可能认为你是为了掩饰真实的想法，其实你并不赞成或者不理解这件事情。

不停转动眼珠

这是缺乏尊重的表现。对有些人来说，这是一个习惯，会自发做出这个行为，但如果能控制一下，会取得更好的沟通效果。

皱眉或其他不开心的表情

这会让对方觉得你心烦意乱，会把周围的人拒于门外。

- 面试时的六种错误肢体语言 -

在面试时，得体的肢体语言非常重要，否则，即便你的语言表达无可挑剔，你的肢体语言却已经出卖了你。以下六种是面试时的错误肢体语言。

摸脸

哪怕是日常习惯，在面试时也不要这么做。触摸鼻子、嘴唇和前额，表明你非常紧张或不诚实。

晃腿

晃腿的原因有很多：情绪紧张，不安腿综合征，或是坏习惯。面试时这样的肢体语言传达的信息非常明确——我焦虑不安，只想尽快逃离这里。

环胸抱臂

这是大家特别不注意，也最容易犯的错误。交叉双臂的肢体动作传达的信息是封闭防御或百无聊赖。

手上玩东西

把钢笔、文件、手机、简历或其他东西拿在手里不停摆弄，会让你显得紧张笨拙，毫无准备。如果手中的东西掉落到地上，那就更糟糕了。

一直盯着对方，眼神交流过度

东张西望固然不好，可也不要一直盯着面试官的眼睛，也不要盯着别人的前额或嘴巴，要适度转移位置。

手臂乱放

把手臂放在“真话区”，即肚脐至锁骨之间的区域。在这一区域做手势，手不会碰到脸颊，且会给人沉稳专注的印象。手臂放在其他区域都很危险。

沟通总模型：肢体语言 ODCR 思维图

- 肢体语言沟通的目的：传递正确的沟通信息 -

肢体语言沟通的目的是传递正确的沟通信息，是对语言沟通的补充。借助于肢体，可以让人产生信任感。

例如握手，轻轻地握手表明你缺少权威和自信，重重地握手则代表你具有攻击性和想要掌握主导地位。握手的力度要视对象和情况而调整，不过要始终保持坚定。

- 肢体语言沟通的需求：表达更多的信息 -

肢体语言比口头语言能够表达更多的信息，因此，理解别人的肢体语言是理解他们的一个重要途径。从他人的目光、表情、肢体动作与姿势，以及彼此之间的空间距离，我们都能够感知到对方的心理状态。

例如站立，如果一位男士面对你笔直地站着，并且衣着得体，肩膀自然下垂，这说明他想向你展示他挺拔的姿态，希望引起你的注意。如果他身体稍稍前倾，靠近你，倾听你的谈话，这更能表明他对你有好感。

- 肢体语言沟通的核心：注意场合 -

肢体语言沟通要重点注意不同场合的不同表达。在和不太熟的人交流时，最重要的是你的肢体语言必须能够明确表意，不要让人误解。在有些场合（比如，第一次约会或工作面试）应该尤其重视。

例如，整理头发。女人为在心仪的男士面前保持形象，会不时把滑落的头发理顺，或是用手把它理向脸的一边，但是在面试场合和非常正式的场合整理头发就不合时宜，会显得特别自恋或焦虑。

- 肢体语言沟通的结果：达成亲切感、信任感 -

在沟通中，语言能让彼此达成共识，肢体语言主要起到消除陌生感，增加亲切感和信任感的作用。

例如紧握拳头。在沟通中，你认可别人的观点时，紧握拳头表示支持，但一开始就紧握拳头，表示你对其他人的观点没有持开放态度，会让人和你在沟通时感到紧张。

身体就像一个无法关闭的传送器，无时无刻不传送着人们的心情和状态。我们在面对面和近距离的交流中，肢体语言传达了一半以上的信息。善用肢体语言，你就能够提升自己和别人的交流质量，从而提高你的生活质量，而且这并不难做到。

那么，沟通高手如何巧妙利用自己的肢体语言进行沟通呢？下面我们系统地说。

肢体语言 SEHART 模式

你需要有三个基本认知：

首先，理解你自己的肢体语言。动作要自然。就算你能按照惯例、规规矩矩地将自己的身体动作控制得很好，你仍然有可能看起来很虚假僵硬。你永远能找出一些可以改进的地方，从而让自己的意图表达更有效。你还需要很自然地做出这些动作，不能跟机器人似的。

其次，识别你的肢体语言模式。要有意识地注意自己在和不同的人交往时，都会使用哪些不同的动作。你可以用镜子观察自己的面部表情和动作，尤其注意自己在生气、紧张和高兴的时候身体有什么动作。

最后，确定你的肢体语言确实传达出了你想要表达的内容。如果你的肢体语言传达出的意思确实是你想要表达的内容，那就很好。你的动作让你看起来自信吗？会不会当你嘴上说自己自信的时候，肢体语言却出卖了你呢？如果你的非语言表达和说的话一致，不仅能表达得清楚明白，还会给人一种很有魅力的感觉。

你要关注整体，不用追求每个细节都到位，只要整体效果能表达出你的真实意图就可以。

接下来，我从六个方面分解 SEHERT 模式。

- 微笑沟通（S，smile communication）-

恰到好处的微笑能使人愉悦、感动，让对方获得信心，得到安慰。在人际沟通中，微笑是非常顺手的武器，微笑传递的信息有时候要多于语言传达的信息。

练习微笑的方法

步骤 1：放松唇部肌肉

试着一个音节一个音节地发出 Do、Re、Mi、Fa 的音，直到高音 Do。不是连着念，而是大声且清楚地每个音说三次，尽量将嘴形做到最满，放松唇部肌肉。

步骤 2：锻炼嘴角弧度

用门牙轻轻地咬住木筷子。把嘴角对准木筷子，两边都要翘起，并观察嘴唇两端的连线是否与木筷子在同一水平线上。保持这个状态 10 秒。

步骤 3：训练保持微笑

找到最满意的微笑以后，试着对着镜子，训练自己保持笑容至少 30 秒。尤其是容易笑僵、笑容尴尬的话，更要加强这一阶段的训练。

步骤 4：唇周提拉

大拇指抵住下巴，中指沿着下唇中央向嘴角方向以轻弹方式提拉，可搭配眼唇霜使用。

场合感：恰到好处的微笑

沟通是一种心灵的碰撞，我们不可能在每个时刻都面带微笑，生硬虚伪的笑容让人不快，不严肃的笑会破坏对话的气氛，而不合时宜的笑会让对方觉得古怪而尴尬。

应该笑的场合通常包括：初次见面、寒暄、问好致意、说开场白、告辞、邀请和请求对方，以及询问和征求对方的意见等。

收敛笑容的场合包括：谈及严肃的话题、表示疑问、恳切地表达意见等。在这些场合收敛笑容带来的严肃气氛会使对方的注意力高度集中，增强我们语言表达的力量。在说服性沟通当中，始终保持微笑的说服效果远远不如时而微笑，时而严肃。

-眼神沟通（E，eye contact）-

你是否曾经跟别人说话，对方的眼神却频频闪避，这时你的感受如何？会觉得对方有事隐瞒你吗？对方一直盯着手机，不看你的眼睛，此时你会觉得被轻视、被忽略吗？

眼睛注视可以促进感情的交流，当你在讲话而对方却没有看你的时候，相信你也会怀疑他是否在听或者根本就不喜欢你。而所谓的“看着对方”，是指看着以对方的眼睛、额头、鼻头为四点连接出的菱形区域，也就是你的视线要落在对方的鼻头到额头中央的位置，这是让双方都感觉舒服的凝视范围。请不要直视着对方眼睛超过 10 秒钟，否则会给对方造成很大的压力。

恰如其分的眼神交流不仅可以表现出专注与互动，还能在对话中传递更多的信息，让对话的内容变得更为丰富。眼神接触能使人更加亲密，能使对方更加信任你，表达出你喜欢和对方交流的心理。

如果交谈时间较长，眼神应有所“转移”，可由菱形区转移到整个面部，但要避免直勾勾地看着对方，否则会让对方局促不安。过犹不及，看对方时越自然越好，一次 2 ~ 4 秒钟最好。男士和女士交流时，男士的目光停在女士胸部以上的区域较为合适。

要关注到所有听众。如果你在一间会议室里讲话，就要看到在场每个人的眼睛。忽略任何一个人都很容易被当作是冒犯，还可能让你丢掉生意或者无法被录取，甚至无法实现你正在努力追求的任何事。

如果你在对一位听众说话，就要适时停下来，眼神与对方接触两秒钟以上，随后再重新开始讲话。这能让听众觉得你很重视他。

- 手势沟通（H，hand gesture）-

手是人类身体上最灵活的部位，手的语言——手势具有最丰富的内涵。手势是人类在漫长的进化历程中最早使用的一种沟通工具，是运用手指、手掌和手臂的动作变化来传达信息的一种无声语言。它使用的范围很广，便捷、灵活、变化多样，不仅能辅助有声语言，有时甚至还可以替代有声语言。

正确认识、恰当使用手势有助于提高沟通效果，无知或错误认知、不恰当使用则会阻碍甚至破坏正常的人际沟通。在我们有意使用手势语言时，需要注意手势运用中的规范要求，以求给别人留下好的印象。

手势的具体运用如下。

用手势介绍某人或指示方向时，应当掌心向上，四指并拢，大拇指张开，以肘关节为轴，前臂自然上抬伸直。指示方向时上体稍向前倾，面带微笑，视线始终随手的方向移动，并兼顾对方是否会到达目标。

用手势与人打招呼、致意、欢呼、告别时，要注意将手尽量伸开，要根据场景，控制手势的力度、速度及时间。

不可用拇指指自己的鼻尖或用手指指点他人，用手指指人含有教训别人的意思，是极不礼貌的行为。

借助手势谈到自己时，应用手掌轻按自己的左胸，这样显得端庄、大方、可信。

运用手势时，一定要考虑地域差别，同一种手势在不同国家、不同地域有不同的含义，切忌乱用，以防造成不良的后果。

在工作岗位或社交活动中，应尽量避免做出不雅行为，如掏鼻孔、剔牙、摆弄随身小物件、摸头、搔痒等。

–身姿沟通（B，body language）–

身体的姿态往往能诚实地反映人的心理状态。对话时身体呈现开放的状态，表示说话者十分自信坦诚，而抱拳、弓腰等相对收敛的姿态，则表现出说话者有一定防备心理或自卑心理。

例如，人们往往会通过准备起身的姿势，示意准备结束一场对话（他们或许已经移到了椅子的边缘，双手放在椅子扶手或膝盖上，身子前倾）。当你在讲话的时候，意识到有些人表现出这些姿势，你应该引起重视，并尽快结束你的讲话。

- 附和沟通（R，reaction）-

擅长沟通的人会常使用“对啊”“你说得没错”等来附和说话者。当然，也有什么也不说，以微笑点头来表示附和的情况。

用语言附和及点头，是对信息的及时反馈。对方看到了你的反馈，会更加积极地沟通下去。试想一下，如果你说话时，对方一点回应都没有，这样的沟通能进行下去吗?

要注意，过度附和会让人觉得是敷衍、不重视的表现。在面试、与领导沟通等场合频繁附和会被当作是拍马屁。

- 触碰沟通（T，touch）-

握手、拥抱等都属于触碰沟通。

有的人是感觉型的，在对话时，如果能偶尔碰触到对方的肩膀、手臂等，会让两个人的关系更亲近。越是亲近的关系，越能使对话达成更多共识，向着双赢的方向发展。

但是，不合适的触碰会让人反感。例如男性对同性之间的身体碰触早就习以为常，但在面对女性时，可就要注意了。

随堂作业

恰当使用肢体语言沟通，应做到以下几点：经常自省自己的肢体语言；有意识地运用肢体语言；注意肢体语言的使用场合；注意自己的角色与肢体语言相称；注意言行一致；改掉不良的肢体语言习惯。自省的目的是检验自己以往使用的肢体语言是否有效，是否自然，是否使人产生过误解。这节课的作业就是，试着坐在咖啡厅去观察一个人的肢体语言，包括情侣之间、同事之间等的肢体语言，记录它们的不同。

PART 12

同理心沟通才是沟通的最高境界

一个真正的领导者有信心独处，
有勇气做出艰难的决定，且有同理心。

- 美国军事家　道格拉斯·麦克阿瑟 -

同理心，是现代社会一种不可以替代的能力。

有一次，我和红杉资本的合伙人，有“消费之王”美誉的王岑老师讨论现在女性创业者的优势和劣势。我觉得我身边的女性创业者都具有“雌雄同体”的特质，不仅拥有女性善于沟通，对接触人群（客户、合作者）有极强同理心的特点，也具备传统认为只有男性才拥有的理智、坚毅和逻辑分析能力，对商业有自己的判断力。

这个时候王岑老师说，其实在后工业时代，一名成功和优秀的男性创业者，也需要拥有“雌雄同体”的特质。具体表现就在于，他们已经打破了传统男性的思维，而拥有许多过去是女性拥有的特质。因为他们要在一个公司里，带领自己的团队，关心员工的思想甚至生活动态。所以，他们也开始慢慢学习沟通，建立自己的同理心，甚至比女性都要更注重细节。

他举例说，现在的创业者都会比从前的企业家更重视自己的衣着和形象，当然也会更重视和团队的关系。所以，他发现拥有同理心的创业者总是会比没有同理心的创业者更容易得到投资者的青睐。因为拥有同理心，也意味着有更好的沟通能力和带领团队的能力。

所以，一名优秀的企业家，一名优秀的领导者，已经跨越了性别的界线，拥有一些共同特点。在生活中，可以把自己的生活管理好的人，无论男女都拥有这些特质：出色的沟通能力，对细节的极致追求，对人情世故的理解。

同理心沟通是建立人际关系的法门

心理学家说，所谓的高情商，首先要有同理心，能设身处地地为他人着想。

同理心就是将心比心，就是设身处地去感受、体谅他人，进而做到相互理解、关怀和情感上的融洽。

同理心沟通是一种能力，是能够积极站在对方的立场看事情的能力。在日常的人际互动中，人们难免会依照自己的价值观，去判断别人的意见，或是好为人师、想当然，将自己的经验或看法强行加到对方身上。实际上这样的沟通方式非常不可取，也不会有好的沟通效果。站在对方角度去理解，让对方觉得自己获得认同，他对你的好感和信任度便会增加。

没有同理心	有同理心
甲：你好，我是刚入职不久的员工小张。 乙：你好，怎么样？还习惯吗？ 甲：有点不习惯。对公司现在的工作内容有点不适应，对工作方法也不太适应。 乙：年轻人，不要那么矫情。学会快速适应环境对成长很有帮助。 甲：对不起，我会改的。 乙：这就对了嘛，加油啊，年轻人。 （乙走后，甲露出错愕的表情。）	甲：你好，我是刚入职不久的员工小张。 乙：你好，怎么样？还习惯吗？ 甲：有点不习惯。对公司现在的工作内容有点不适应，对工作方法也不太适应。 乙：不习惯很正常。大家初到一个环境，都会发现现在的工作方式与之前的工作方式有冲突。你是这样吗？ 甲：是啊。比如之前的公司是先集体讨论，然后再干活，我们公司是先提个人想法，然后再讨论。 乙：原来如此。你可能需要时间来适应。 甲：是啊，我也这么觉得。谢谢你的理解。 （乙走后，甲露出开心的表情。）

真正的同理心沟通包含三个层次。

- 接受对方的观点 -

接受别人的观点很不容易，因为这意味着要放弃自己的观点，这对很多人来说太难了。在沟通中，我们都希望对方接受自己的观点。但是进行同理心沟通必须学会先接受对方的观点，也就是我们常说的站在对方的角度考虑问题。

不接受对方观点	接受对方观点
甲：现在市场太难做了。我用了整整一个月的时间跟进这个客户，但客户的销售量还是不高。 乙：我不太赞同你的观点啊。什么叫市场太难做了？应该在自己身上找原因，找解决方案，而不是怪在不重要的因素上。 甲：我也没要求你同意我的观点，这是事实。你怎么对我进行人身攻击呢，算了，不跟你聊了。 乙：抱怨是不会带来销量的，醒醒吧！忠言逆耳啊。 甲：你有病。	甲：现在市场太难做了。我用了整整一个月的时间跟进这个客户，但客户的销售量还是不高。 乙：嗯，如果一个客户花了整整一个月都没做起来，我们是要在市场上寻找原因。市场竞争一直特别激烈，稍不注意，业绩就下来了，你分析出原因了吗？ 甲：你也这么想吗？这件事对我打击很大，所以我在不断寻找原因，我感觉是客户自身有一定问题。 乙：具体说说。

当你接受对方观点，对方才会继续和你沟通下去，否则沟通就会立即中断。

– 体会对方的感受 –

当对方来沟通，认可对方的观点还不够，还需要尝试去感受，假如是你自己在那样的情况下，你是什么心情，也就是我们常说的，站在对方角度理解对方。

不体会对方感受	体会对方感受
甲：现在市场太难做了。我用了整整一个月的时间跟进这个客户，但客户的销售量还是不高。 乙：是吗？也许你是对的，市场一直难做。不过谁不难呢？哪位上战场的士兵不难呢？所以，没有什么的，干就是了！ 甲：你不是我，你无法理解我现在的感受啊。 乙：我理解啊，但我们还是要干活啊，对吧。抱怨完了吗？继续干呗。 甲：算了，当我没说。	甲：现在市场太难做了。我用了整整一月的时间跟进这个客户，但客户的销售量还是不高。 乙：是挺难的。你这么优秀的销售都觉得难，换作是我，我一定觉得更加无奈。 甲：是啊，我现在就很无奈。我都努力一个月了，结果还是很差。 乙：非常理解，你分析出原因了吗？ 甲：我感觉是客户管理出问题了，我正在做详细分析。谢谢你能理解我的感受。

- 真诚地关心对方 -

光认可对方观点，理解对方心情还不够，同理心沟通还需要采取行动，一起帮对方解决问题。

假装关心对方	真诚关心对方
甲：现在市场太难做了。我用了整整一个月的时间跟进这个客户，但客户的销售量还是不高。 乙：对对对，现在竞争太激烈了，实在太难做了。 甲：我最近都觉得难受啊，业绩上不来。 乙：你没事吧。不要难过，业绩起不来也正常，不要有过多压力。实在不行，出去走走，散散心。说不定回来之后问题就解决了，对吧，哈哈哈哈。 甲：我哪有心情散心。 （甲一脸疲惫，感觉无人帮忙。）	甲：现在市场太难做了。我用了整整一个月的时间跟进这个客户，但客户的销售量还是不高。 乙：市场就是战场啊，的确不容易。你没事吧？ 甲：心情不太好，难受啊。 乙：是不是堵得慌？我知道，你不解决问题是不会罢休的！你愿意吗？我们一起来分析一下，看有没有解决方案。 甲：太好了！我找你就是想让你帮我出出主意，情况是这样的…… （两人一起商讨解决办法，甲露出满意微笑。）

也许你认为基本掌握了同理心沟通的方法，实际上很多跟你一样的人依然会犯错。

错误的同理心沟通

- 错把同情心当同理心 -

同理心让人身临其境，一起感受，可以激发彼此的连接。而同情心让人冷眼旁观，评判感受，促使彼此失去连接。

主体是我，不是同理心

同情心沟通	同理心沟通
甲：看来还是搞砸了。我用了一个月想修补感情，还是要面临分手的结局。 乙：我明白你的感受，我当年分手的时候也是这样。	甲：看来还是搞砸了。我用了一个月想修补感情，还是面临分手的结局。 乙：你现在一定特别难过。真的没有挽回余地了吗？需要我做些什么呢？ 甲：你陪我走走，帮我分析分析。

抱以同情心的人看似站在对方角度看问题，其实并不是，因为主体是“我”。“我明白你的感受”，实际上是把焦点对准自己。抱以同理心的人的焦点依然是对方，关注点还是在对方的特殊经历上。通常当你脱口而出的第一个词是

"我"时，基本就可以确定你没有表现出同理心了。

错误转移注意力

同情心	同理心
甲：不知道怎么搞的，我已经特别努力了，结果还是在谈判中让对方占了便宜，公司利润少了很多。气死我了！ 乙：已经不错了，搞不好还会亏本呢，别往心里去。 甲：你不相信我的能力？	甲：不知道怎么搞的，我已经特别努力了，结果还是在谈判中让对方占了便宜，公司利润少了很多。气死我了！ 乙：你现在很愤怒？愿意分享整个过程吗？我能听听吗？ 甲：好，你帮我看看哪个环节出错了。

我们看见一个人生气、悲伤、愤怒，就想帮他转移注意力，安慰他说，情况其实还不错，这其实相当于贬低和轻视他所受到的折磨。解决方案很简单，鼓励对方说出来，自己做一名好听众。

错误正向指引

抱以同情心是在同情的同时，还给对方指一个方向。不要这样做，除了正经受着痛苦的本人以外，没人可以决定什么时候该向前走。抱以同理心的人不做评判，只做询问。

同情心	同理心
甲：真是糟糕极了。今天早上挤班车，太挤了！我不小心把手机挤丢了。不知道是别人偷走的，还是自己不小心掉出去了。 乙：钱包没丢吧？人没事吧？那就好。算了，朝前看，明天又是开心的一天。 甲：你当然会这样说，丢手机的人又不是你。	甲：真是糟糕极了。今天早上挤班车，我不小心把手机挤丢了。不知道是别人偷走的，还是自己不小心掉出去了。 乙：你身体没受伤吧？你打算怎么处理呢？ 甲：我想报警。里面有我很多资料，非常珍贵。 乙：我陪你去吧。

- 不会倾听 -

良好沟通的一块重要基石是倾听。而我们大部分人容易犯一个毛病，那就是多嘴。没听病人说明症状就开药的医师，谁敢相信他？同理，要由衷地倾听并提供“心里的想法”，让人觉得自己被了解、被肯定、被赏识。而当你懂得带着同理心倾听，满足对方这些非常基本的需求，便能集中心力去解决问题或发挥影响力。

会听比会说更重要。所以，学会聆听，试着了解别人，而不要一味地想要回应，想要表达自己。

进行同理心沟通时，一些处理方式如急着提供建议、改变话题、追根究底、不断问为什么、问太多问题、唠叨、说教、长篇大论、过度解读对方的话、说太多自己的事或类似的经验、告诉对方他重复提到的事情等，都是不可取的。

不会倾听	会倾听
甲：今天我被老师叫到学校去了，说我孩子打了他同学。 乙：哎呀，打人不对呀。你要好好教育你家小朋友，同学之间要相互爱护啊。 甲：你能不能让我把话说完？	甲：今天我被老师叫到学校去了，说我孩子打了他同学。 乙：啊，你说说。 甲：到学校我了解了情况。原来那位同学在欺负女生，我孩子从小就听我讲“要保护女生”的道理，于是就打了那个孩子。 乙：嗯嗯，然后呢？ 甲：我告诉孩子，帮人是对的，打人是不对的。我们还有更好的处理方式。 乙：你处理得太棒了。学习了！

同理心沟通总模型：ODCR 思维图

– 同理心沟通的目的：解决问题 –

同理心不仅仅指要理解对方，最终目的是帮对方解决问题。同理心沟通，有一点很重要：先处理心情，再处理事情。先用同理心理解对方，然后一起解决问题。

不会解决问题	会解决问题
甲：怎么回事，这次考试不及格? 乙：你别问了，烦不烦啊。 甲：你考成这样还好意思说?！我的脸都要丢尽了。 乙：都说别问了别问了，你以为我想考成这样吗?！ 甲：你这是什么态度，那么大声做什么！ 乙：没法沟通。（摔门走）	甲：这次考试不是很理想，是心情不好还是身体不舒服？没事，和妈妈（或爸爸）说说。 乙：考前和朋友吵架，心情很不好，没复习，再加上天气降温，考试那天感冒了，所以没考好，是我不够努力。 甲：没关系，我们下次加油就好了。现在感冒好了吗？和朋友和好了吗? 乙：嗯，都好了，谢谢你的理解。

- 同理心沟通的需求：同频 -

我们都知道，在沟通或互动过程中，每个人会有不同立场，碰到这种情况，在协商或谈判时，如果我们没有同理心，就不会化解差异点，寻求共同点，就不会去了解对方的需求与考虑，就不会去寻求彼此都认可的解决方案。

不同频	同频
甲：亲爱的，周末去逛商场吧。 乙：这周要去爸妈家吃饭呢，可能没时间去逛了。 甲：我不想去吃饭，我就想去逛街。 乙：不行，得去爸妈家吃饭！ 甲：我就要去逛街。 乙：你怎么无理取闹！！	甲：亲爱的，周末去逛商场吧。 乙：这周要去爸妈家吃饭呢，可能没时间去逛了。 甲：嗯，这几天天气那么好，不然叫上爸妈一起去爬山吧。 乙：也行，总比一直窝在家里待着好。 甲：那就这么定了。

- 同理心沟通的核心：对方一直在我心里 -

我们要时时刻刻让对方知道，在沟通过程中，自己一直在。我们可以表达出：我就在你身边，你随时找得到我，我很关心你，我愿意听你说，我想要了解你的想法，我会陪着你，我对你告诉我的事很有兴趣，我很愿意听你说更多你经历过的事，我可以感受到你的悲伤或挫折，即使我自己没有经历过你的遭遇。

- 同理心沟通的结果 -

同理心沟通的结果是建立信任、亲密的关系。

同理心沟通方法：三同法

沟通时最重要的，就是成为对方的“同伴”，也就是让对方感受到：这个人懂我，这个人值得我信赖。那么，要怎么做才能成为别人的“同伴”呢？

让我们学习一下同理心沟通的三同法（见图 12–1）。三同法就是身体力行以“三同”（三种同理心）为基础的沟通。

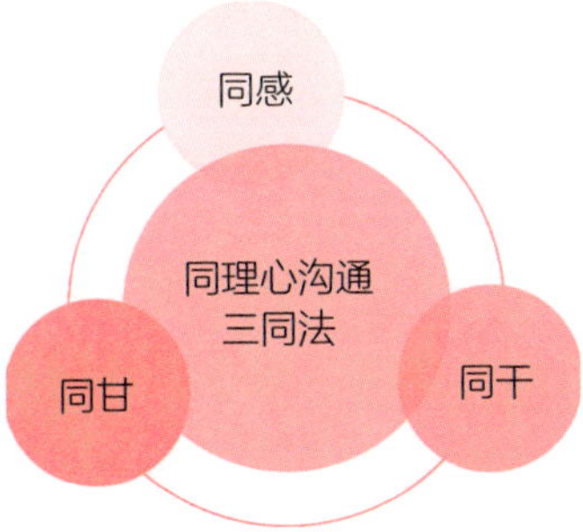

图 12–1　同理心沟通的三同法

- 同感：理解他人的心情。
- 同干：和他人一起流汗、努力。
- 同甘：和他人一起高兴、开心。

与人相处时做到“三同”，便能了解对方的心情，成为对方的“同伴”。有时候，只是分享相同的情感，就能一瞬间成为“同伴”。

同感

有时，只是些微的“反感”和“反对”就会引发抱怨。

没有同感	有同感
甲：你看，今年春天的花开得多美呀。 乙：每年春天，花都开得很美。 甲：切，你这个人真没情调。 乙：我说错了吗？	甲：你看，今年春天的花开得多美呀。 乙：真的耶，感觉特别漂亮。 甲：是啊，是啊，不知道是不是自己心情好的缘故。 乙：你的心情如同花一样灿烂，真好。

所谓的“同感”，就是赞同他人的意见和情感：“你说得没错。”我们在前面已经讲了很多，认同观点、体会对方的心情，都是建立同感的好方式。

同干

同干指的是一起出谋划策，一同帮忙做事情。

我曾经去某地做高端演讲培训，当地接待公司的老板有两名下属配合我做一些工作，姑且分别叫他们 A 和 B 吧。

培训结束后，A 说：“席老师辛苦了，那我先离开了。”然后迅速离开了会议室。B 则是在 A 离开后仍然留在原地，对我说："席老师辛苦了，有没有我能帮忙的地方？"

能否说出"有没有我能帮忙的地方？"就是这两个人之间的巨大差别。

我们经常希望别人理解自己，要有同理心，但反过来想，你是否具备问一句"有没有我能帮忙的地方？"这样的同理心呢？这就是我们前面说的真诚地关心对方，同对方一起解决问题。

我认为，一句"有没有我能帮忙的地方？"就是连接人与人之间的话语。因为即使实际上没有帮得上忙的地方，这句话也蕴含一股力量，对方可以从中感受到"我会和你一起努力""我在你身边"，从而对你产生信任。因为，有时候人们需要"愿意帮助自己的人"存在。

同甘

同甘，就是将你的快乐、开心分享出去，对方也愿意一起高兴时，你们就会更加开心。喜悦只要与人分享，似乎就会变成双倍。因此，如果对方感到高兴的话，请陪他一起高兴吧。实际上，这是证明彼此认同感、信任感的外化形式。

假装开心	真诚开心
甲：你看，我上次写的订阅号文章阅读量破 10 万了！哇，这是我第一次写出阅读量破 10 万的文章。 乙：我真的感觉很开心！我也要向你学习，早日写出阅读量破 10 万的文章。 甲：你一定可以的。 乙：我也这么觉得。恭喜你哈！	甲：你看，我上次写的订阅号文章阅读量破 10 万了！哇，这是我第一次写出阅读量破 10 万的文章。 乙：天哪，你真棒！ 10 万啊，这简直达到了一个高峰。这样，我请你喝奶茶，祝你以后的文章阅读量天天破 10 万！ 甲：你真好。我请你喝吧！

德国哲学家尼采曾说："共享喜悦令你交到朋友，而不是分担痛苦。"就算不做什么特别的事，只要带着体贴的心分享相同的情感，就能令对方觉得"这个人懂我"，让许多人成为自己的"同伴"。

做到三同并不难，最重要是有心。任何沟通，只要有心，就会顺畅。

同理心沟通，要变得更有效，那就得要谈到对方心坎里，说到对方的心中最在乎、最在意的那一点，然后，放大、放大、再放大，让他知道你不只是尊重他，而是希望为他的事情提供一些帮助，协助他做一些事情，做出一些你认为能够让他变得更好的实际行动，这些才是同理心沟通必须重视的要素。

随堂作业

同理心沟通是沟通的最高境界。其要领就是掌握“三同法”，其本质还是认同、体会、关心对方。

这节课的作业是，试着回忆上一次朋友或者同事来找你倾诉困难时你是怎么处理的，再试着回忆上一次你的好朋友失恋时你是怎么处理的。学习同理心沟通这节课之后，你是不是还会以同样的话来沟通呢？请将你的沟通方式及细节记录下来，这样下一次再发生这样的情况，就能有所比较。

后记

这本书完稿的时间，是2020年3月。新冠肺炎疫情期间，我都在修改这本书稿，同时启动我的新课程。至于我的“8小时商业演讲”线下课，其所有课程都延期了。

感谢中信出版社的玉敏编辑和家乐，她们对我的焦虑型拖延症没有一点责备，只有在我以为她们已经忘记我的时候才会突然发给我一条微信。她们是我见过的最没有要求的催稿人。

在书写的过程中，我一开始很焦躁，怀疑自我，然后慢慢找到了一种安定和舒适感。只要开启与自我的内心对话，整个世界都变得宁静。

然而这个世界非常不宁静，从2020年1月20号左右到3月，我们一直陷在对新冠病毒的那种恐惧之中。

我发现这个时候，即当我们陷入集体灾难的时候，更需要沟通能力。

我每天都和老公交流对新冠肺炎疫情的看法，因为我阅读中文媒体的信息，他阅读英文媒体的信息。我们反复交谈，直到达成共识，才会入睡——我们肯定不会把任何疑惑和不同意见留到明天。

我也每天抱着两个女儿和她们解释病毒是什么，这个世界上发生了什么。虽然她们因为没有办法出门去玩而变得有些烦躁，但是这一段时间我们每天 24 小时在一起，感情增进了不少。过去的一两年，因为讲课我的生活变得非常忙碌，每天和她们在一起的时间太少了。

我常常会在她们入睡前问她们："你们知道妈妈有多爱你们吗？"

两个女儿会说："知道，胜过整个宇宙。"

我们每天说很多遍"我爱你"，还给彼此很多拥抱。

我不知道各位读者在读完我这本书之后有什么样的体会，希望大家可以发到我的邮箱（joy_xi@foxmail.com）和我分享。

我想说的是，这个世界上很少有沟通无法解决的事情。即使面临灾难，即便有矛盾，沟通也可以增强我们和这个世界之间的联系，可以缩短亲人和亲人之间的距离，可以让我们在职场无往不利，可以让我们具有影响力。

据说，疫情在 2020 年会成为常态，每个人戴着口罩也会成为常态，这个时候的沟通就比平时更为重要。在每一次情绪爆发前，在每一次失望到要放弃的时候，让我们乐观地再尝试一次沟通吧。

席越

2020 年 6 月于北京